LES COULISSES DU MONDE.

# L'HÉRITAGE

D'UNE

# CENTENAIRE

PAR

LE VICOMTE PONSON DU TERRAIL,

Auteur de la Baronne trépassée, etc., etc.

2

PARIS,

BAUDRY, LIBRAIRE-ÉDITEUR

De Paul de Kock, Alphonse Karr, Léon Gozlan, M<sup>me</sup> la comtesse Dash, Dumas, Emm. Gonzalès, M<sup>me</sup> Camille Bodin, Théophile Gautier, Méry, etc., etc.

32, RUE COQUILLIÈRE, 32.

## LES COULISSES DU MONDE.

# L'HÉRITAGE

D'UNE

# CENTENAIRE.

A LA MÊME LIBRAIRIE, EN VENTE.

## NOUVEAUTÉS :

# GENEVIÈVE GALLIOT,

### Par Xavier de Montépin,

Est une histoire fraîche et naïve comme un tableau de Greuze qui en est un des héros, et, en même temps, aussi saisissante et pleine d'émotion que le plus étrange et le plus accidenté de tous les drames.

D'ici à peu de temps, la figure de la douce et charmante *Geneviève Galliot* deviendra l'un de ces types que chacun a connu, que chacun a aimé. — On se souviendra de *Geneviève Galliot* comme on se souvient de la *Virginie* de Bernardin de Saint-Pierre, de l'*Atala* de Châteaubriant;

**Ouvrage complet et inédit, 2 vol. in-8°.**

---

# HÉVA, LA FLORIDE ET LA GUERRE DU NIZAM,

Par Méry. — 3 volumes in-18 anglais, 7 fr. 50 c.

# LA BARONNE TRÉPASSÉE,

Par le vicomte Ponson du Terrail. — 3 volumes in-8.

---

# LES VIVEURS DE PARIS,

### Par Xavier de Montépin, ouvrage inédit;

1<sup>re</sup> PARTIE : **Un Roi de la Mode**............ 5 vol. in-8.
2<sup>e</sup> PARTIE : **Le Club des Hirondelles**....... 4 vol. in-8.

*Ouvrages de M. le baron de Bazancourt :*

Georges le Montagnard........................ 5 vol. in-8.
Les Ailes d'un Ange........................... 2 vol. in-8.
Noblesse oblige............................... 2 vol. in-8.
Le comte de Rienny............................ 2 vol. in-8.

*Ouvrages de M. Emmanuel Gonzalès :*

Ésaü le Lépreux............................... 5 vol. in-8.
Les deux Favorites............................ 5 vol. in-8.
Le Vengeur du Mari............................ 3 vol. in-8.

---

# REVUE DES VOYAGES

### à 6 francs par an.

# LES COULISSES DU MONDE.

# L'HÉRITAGE

D'UNE

# CENTENAIRE

PAR

## LE VICOMTE PONSON DU TERRAIL,

Auteur de la Baronne trépassée, etc., etc.

2

# PARIS,

### BAUDRY, LIBRAIRE-ÉDITEUR

De Paul de Kock, Alphonse Karr, Léon Gozlan, Mᵐᵉ la comtesse Dash, Dumas,
Emm. Gonzalès, Mᵐᵉ Camille Bodin, Théophile Gautier, Méry, etc., etc.

32, RUE COQUILLIÈRE, 32.

Paris, imprimerie de Paul Dupont,
rue de Grenelle-St-Honoré, 45.

Le vol.

## XIV.

Laissons Bernard, Pornic et le vieux Pelao courir sur les traces d'Aïcha, et entrons, s'il vous plaît, Petite-Rue-du-Bac, numéro 25, chez madame Théophraste Carnaud, ex-demoiselle de compagnie de feu madame la baronne de Kerbrie, et actuellement maîtresse d'hôtel meublé.

L'hôtel que tenait mame Théo, comme l'appelaient vulgairement ses locataires, était une petite maison de chétive apparence, à deux étages seulement, mais divisée par un jardin en deux corps de logis.

Le bâtiment qui donnait sur la rue n'avait d'autre entrée qu'une porte bâtarde, fermée dans le jour par une claire-voie et terminant une sorte de voûte basse qui conduisait au jardin. A droite, sous la voûte, était le *bureau* de madame; en face et à gauche, un escalier raide et mal frotté qui conduisait au premier et au second étage.

Le jardin, quoique médiocrement tenu, était ce qu'il y avait de mieux dans l'hôtel. Des lilas et deux grands saules pleureurs y entrelaçaient leurs branches au-dessus d'un jet d'eau. Celui-ci n'avait, à proprement parler, qu'un étage auquel on arrivait par un petit escalier en coquille; et cet étage se composait seulement de deux chambres qui, jadis, communiquaient ensemble par une porte aujourd'hui condamnée; toutes deux ouvraient sur le carré.

L'une, donnant sur le jardin, était habitée par un vieillard dont nous avons prononcé le nom déjà : le père Aucher.

L'autre, dont la fenêtre ouvrait sur la rue Sainte-Placide, était le logis habituel de M. Théophraste Carnaud, ex-commis voyageur, ex-marchand de contremarques, etc., et le même beau monsieur de Paris qui, vingt ans auparavant, avait assisté à la messe de la Fête-Dieu dans l'église de Quimper, où il avait séduit le cœur de mam'zelle Fleur-des-Genêts par son pantalon collant gris-perle et ses breloques. Dans cette dernière pièce, il y avait une alcôve fermée.

Or, ce soir-là, car il était près de minuit, madame Théophraste Carnaud était seule dans la chambre de son mari, tenant une lampe de la main gauche, et ayant la droite appuyée sur le bouton d'une porte.

Contre son ordinaire, madame Théophraste Carnaud était fort pâle et ses couleurs couperosées avaient disparu. Un léger tremblement agitait ses membres et elle hésitait à ouvrir.

— Mon Dieu! mon Dieu! murmurait-elle, je suis donc descendue bien bas que, pour quelques billets de mille francs, je puisse trahir la cause de celle à qui je dois tout !

Et, un moment, elle lâcha le bouton et porta un œil hagard sur un portrait en pied de gentilhomme, placé sur une chaise... Mais son hésitation dura peu ; presque aussitôt elle reprit le bouton, demeura immobile une seconde encore, puis fit un effort et ouvrit la porte qui donnait dans la chambre du père Aucher...

Le père Aucher était au lit et dormait. C'était une belle tête un peu amaigrie, couverte d'une forêt de cheveux blancs, ombragée de longues moustaches pareillement blanches, et conservant jusque dans le sommeil un air de grandeur et de noble simplicité.

Madame Théo s'avança jusqu'au lit sur la pointe du pied, et, le considérant non sans émotion :

— C'est donc là, murmura-t-elle, le fils de ma maîtresse...

Et, encore une fois, elle fut sur le point de rétrograder. Mais en elle l'instinct du mal dominait; elle ne s'arrêta pas longtemps près du lit, passa outre et marcha vers un secrétaire en noyer placé entre les deux fenêtres.

La clé était au secrétaire.

Madame Théo posa sa lampe sur une table, tourna la clé et ouvrit en sourdine le secrétaire... En ce moment le vieillard se trémoussa brusquement dans son lit et prononça quelques mots inintelligibles.

Madame Théo eut peur et recula toute tremblante... Mais le dormeur s'étant repris à ronfler de plus belle, elle s'enhardit, retourna au secrétaire, et, tout en furetant les tiroirs, elle se dit ;

— Je suis folle de m'effrayer ainsi, car

je sais bien qu'il ne peut pas s'éveiller, puisque j'ai mis dix gouttes de laudanum dans le verre de vin qu'il m'a demandé ce soir.

———

Cependant Bernard, son père et Pornic couraient à toute bride, et du mieux qu'il fût possible à deux chevaux de louage, sur la route du faubourg Saint-Germain. Ils traversèrent ainsi le Pont-Neuf, prirent la rue Dauphine, la rue de Seine, celle de Tournon et de Vaugirard, et là le vieillard fit arrêter brusquement et dit :

— Nous sommes montés trop haut, redescendons.

Il avait toujours à la main et approchait parfois de son front le petit soulier de l'enfant, — charme mystérieux qui l'attirait.

Sur l'ordre de Bernard, le cocher prit la rue d'Assas et tourna dans celle du Cherche-Midi.

— Arrêtons-nous ici, dit le vieux Jean, maintenant j'irai à pied.

Le fiacre fut renvoyé, Bernard donna le bras au vieillard ; Pornic prit le chien dans ses bras, et, sans hésitation aucune, Jean Pelao les entraîna en avant du côté du boulevard des Invalides, puis, arrivé à la hauteur d'une petite rue étroite, sombre, déserte, formée d'un côté par des murs de jardins, de l'autre par des écuries et des derrières de maisons, il dit :

— C'est dans cette rue.

Le cœur de Bernard battit bien fort et Pornic murmura :

— C'est drôle tout de même.

Le vieux Breton s'arrêta alors pour réfléchir une minute : mais ce temps d'arrêt lui fut fatal ; il y avait plus de deux heures que durait sa crise cataleptique ; l'air frais de la nuit l'avait surpris au sortir de la voiture, et, au moment où Bernard et Pornic attendaient anxieux qu'il ouvrît la bouche et parlât, il poussa un soupir de soulagement comme le dormeur qui échappe à un cauchemar, étira les bras ouvrit les yeux et regarda autour de lui avec son air hébété.

— Malédiction ! s'écria Bernard, mon père s'éveille.

— Qu'est-ce que tu dis ? gars, demanda Jean Pelao, et pourquoi m'as-tu amené ici ?

Bernard répondit par un hurlement de colère et de douleur.

— Ma pauvre enfant, murmura-t-il,

ma pauvre enfant... Je ne te retrouverai donc pas?...

Le vieillard écoutait et ne comprenait pas, Pornic se grattait l'oreille, le nez et le menton, Pluton se plaignait bien bas, le pauvre animal !

Tout d'un coup, Pornic battit un entrechat joyeux ; il venait d'avoir une idée.

— Monsieur Bernard, dit-il, pardon, excuse, mais, sauf votre respect, je vous ferai observer que les chiens ont bon nez... et que là-bas, à Kerbrie, le vieux Stopp...

— Pluton ! s'écria Bernard, Pluton ! mon beau, cherche, cherche Aïcha !

A cet ordre, le chien qu'on avait posé sur le sol, étouffa ses gémissements, leva la tête, se planta droit et ferme sur ses jambes, allongea le cou, et aspira l'air bruyamment...

Puis tout malade, tout brisé, il se traîna en avant, flaira de nouveau l'atmosphère, s'arrêta, repartit ensuite, et poussa enfin une sorte de hurlement joyeux...

Bernard courut après lui.

Pluton s'était arrêté au pied du mur d'une petite maison à un seul étage, à l'une des fenêtres de laquelle brillait une lumière à travers les volets disjoints.

— Cherche, cherche, Pluton... continua Bernard.

Pluton ne bougea pas et hurla de nouveau.

Un fol espoir traversa le cerveau de l'ancien spahis.

— Pornic, dit-il, faits asseoir mon père sur une borne et viens me faire la courte-échelle.

Pornic obéit.

La fenêtre éclairée était à une quinzaine

de pieds du sol, mais le mur était assez lézardé pour qu'en ayant déjà les épaules d'un homme pour marche-pied, on pût arriver facilement à son entablement, lequel était assez large pour qu'on pût s'y asseoir.

Bernard y parvint sans peine.

Alors il glissa son regard à travers les fentes du volet et aperçut une femme qui tournait le dos à la croisée et lisait assise à un bureau plat. Mais Aïcha n'était point dans la chambre.

Bernard sauta à terre.

— Ce n'est point là, murmura-t-il. Cherche, Pluton, cherche, mon ami.

Mais Pluton se reprit à hurler et ne bougea pas davantage.

— J'ai peut-être mal vu, se dit le pauvre garçon, voyons de nouveau.

Et il regagna l'entablement et de rechef inspecta l'intérieur. L'abat-jour de la lampe qui laissait naguère une partie de la chambre dans un clair-obscur venait d'être relevé : Bernard examina de nouveau soigneusement les coins et recoins, ne vit pas Aïcha plus que la première fois, mais aperçut tout d'un coup le portrait en pied du chevalier de Kerbrie qui était demeuré sur une chaise...

Et dès lors Bernard pensa que l'enfant n'était pas loin, — et il n'hésita plus...

———

Or, tandis que toutes ces choses avaient lieu, mame Théophraste Carnaud, née Marguerite-Yvonne-Fleur-des-Genêts Bilain, furetait les tiroirs du secrétaire, prenant et repoussant presque aussitôt des papiers insignifiants, et cherchant avec persévérance...

— Où diable a-t-il fourré cet étui ? se

demanda-t-elle, je l'ai vu vingt fois jadis quand il le laissait traîner sur la table.

Et elle chercha de nouveau sans aucun résultat, et découragée, elle allait se retirer, quand se frappant le front :

— Oh ! niaise que je suis ! fit-elle, j'oubliais que le tiroir du milieu a un double fond.

Et elle avait raison. Le tiroir avait un double fond, et dans les profondeurs de ce double fond, les doigts ornés de bagues de mame Théo allèrent saisir un étui de fer-blanc, pareil à ceux que les soldats, les marins et les voyageurs de long cours portent en bandoulière, et qui renferment leurs congés ou leurs papiers.

Seulement, celui-là était un peu plus volumineux peut-être.

Alors l'honorable maîtresse d'hôtel meublé referma soigneusement tous les tiroirs et le secrétaire, et, reprenant sa lampe, gagna sa chambre et tira sans bruit la porte condamnée.

Puis elle s'assit devant un bureau, ouvrit l'étui, en retira une liasse de parchemins jaunes et de papiers timbrés et les examina avec un soin tout particulier.

— Bon ! dit-elle, voici un brevet de guidon aux mousquetaires ; — ensuite un extrait de naissance au nom du chevalier Georges-Marie de Kerbrie; puis un passeport pour l'étranger délivré au district ; — puis encore un rouleau qui porte en exergue : « Contrat de mariage, extraits de naissance de madame de Kerbrie, de mon fils Paul et de ma fille Louise, du registre matricule de l'état civil de Pondichéry… » Enfin un brevet de chevalier de Saint-Louis.

— Voilà, murmura mame Théo, de

quoi nous faire passer sous le nez l'héritage de feu madame la baronne. Heureusement que je tiens l'étui, maintenant, et que, lorsqu'il sera dans les mains de madame de Willermez...

Mame Théo ne se donna pas la peine de formuler le reste de sa pensée : elle remit un à un les papiers et les parchemins dans l'étui, posa l'étui sur le bureau, puis, relevant l'abat-jour de sa lampe, jeta un regard curieux sur le portrait :

— Quelle singulière idée Théo a-t-il eue d'emporter cette vieille toile ! Cela pourrait fort bien nous vendre... dès demain je m'en débarrasserai. Mais, fit-elle en se frappant le front, j'ai déjà vu cette figure-là quelque part... Est-ce qu'il n'y avait pas un portrait pareil à Kerbrie ? — Folle que je suis ! comment serait-il ici et qui l'aurait apporté de si loin ?... Ah !

mon Dieu! mais oui, je ne rêve pas... Oh! quelle ressemblance! c'est, trait pour trait, le jeune homme qui m'a retenu une chambre il y a deux jours et qui n'est point venu encore...

Madame Théo n'alla pas plus loin, car la fenêtre s'ouvrit brusquement, et un homme pâle et l'œil enflammé, tomba comme la foudre dans la chambre, un pistolet à chaque main!

Au dehors, on entendait une voix chevrotante chantant le troisième couplet de la légende du duc Arthur : c'était le vieux Pelao qui s'était rendormi sans doute.

> Mais Dieu veillait... Quand la nuit brune,
> Nuit sans étoiles, nuit sans lune,
> Enveloppa la vieille tour,
> Un ange descendit sur elle!
> Et quoique le toit fût bien lourd,
> Il le souleva de son aile...
> Emporta l'enfant, notre amour...
> Il nous le rendra quelque jour !

Où le gars Pornic s'élève à la hauteur des circonstances.

## XV.

Madame Théophraste Carnaud avait, nous croyons l'avoir dit, la cervelle en raison inverse de sa respectable corpulence. La mémoire lui manquait en plus d'une circonstance, et, cette fois encore, elle lui fit totalement défaut.

Dans cet homme à l'œil étincelant qui arrivait chez elle comme une bombe, l'excellente dame n'eut garde de reconnaître le gars Bernard Pelao qui la guettait jadis sous les marronniers du parc de Kerbrie et lui disait en tremblant :

— Mam'zelle... mam'zelle... Écoutez donc, mam'zelle...

Les déclarations du jeune gars n'avaient jamais été plus explicites.

Et puis, le gars Bernard était bien changé, — il avait des moustaches, ornement physique totalement inconnu de Vannes à Quimper, en passant par Châteaubriant; ensuite il portait une redingote boutonnée jusqu'au menton avec un bout de ruban rouge, et des bottes avec ça ! C'était absolument comme si on avait eu la prétention de reconnaître Pornic. Allons donc !

Au bruit que fit la fenêtre en volant en éclats, madame Théo se leva, se retourna effrayée, et, à la vue de cet homme inconnu qui violait ainsi sa demeure, elle jeta un cri, appela *au voleur*! et retomba muette et glacée sur son fauteuil.

Mais, en reconnaissant Fleur-des-Genêts, notre pauvre capitaine Fracasse, qui ne craignait ni Dieu ni Diable d'ordinaire, pâlit, chancela et devint tout aussi tremblant que cette femme qui n'avait pas même la force de fuir.

— Fleur-des-Genêts.... murmura Bernard... elle! oh! mon Dieu!...

Et alors, changeant de ton, il posa ses pistolets sur une table, ôta son chapeau et s'avança vers mame Théo, puis se tint devant elle, de plus en plus pâle et défait, la regardant avec tristesse et n'osant lui dire un seul mot.

Son attitude humble et suppliante chassa bien vite la frayeur de la digne maîtresse d'hôtel garni, laquelle s'empressa de retrouver sa langue pour crier à tue-tête :

— Au secours ! au secours !

Heureusement, il n'y avait dans le corps de bâtiment que le vieux père Aucher, qui digérait son laudanum et ne se fût point éveillé au bruit du canon.

—Fleur-des-Genêts, dit alors Bernard, je ne veux point vous faire de mal.

—Fleur-des-Genêts ! s'écria mame Théo étonnée, vous me connaissez donc ?

— Oui.

— Vous ne venez donc pas me voler ?

— Non...

— Alors, fit la belle femme de trente-huit ans reprenant ses esprits et sa politesse de maîtresse de maison, veuillez donc prendre la peine de vous asseoir, monsieur... quoique vous veniez à une heure singulière et par...

Elle indiqua du doigt la fenêtre brisée.

— Fleur-des-Genêts, dit Bernard d'une voix lente et gravement triste, vous ne me reconnaissez pas, vous...

— Dame ! ma foi, non ! monsieur...

— Je suis Bernard Pelao...

— Ah ! mon Dieu ! Oh ! que vous êtes changé, monsieur Bernard... Et, ça va bien ?

— Madame, continua Bernard de sa voix creuse et grave, je ne viens point ici vous donner de mes nouvelles, ni vous demander des vôtres ; je viens vous réclamer un enfant qu'on m'a enlevé la nuit dernière et que vous cachez ici.

Mame Théo devint un peu plus pâle que les parchemins du chevalier de Kerbrie renfermés dans l'étui de fer-blanc :

— Vous êtes fou... murmura-t-elle.

— Vous savez bien que non, madame...

— Je ne sais ce que vous voulez dire.

— Tenez, fit Bernard d'une voix où couvaient des sanglots, comprimés durant vingt années, tenez, madame, n'abusez pas de votre titre de femme et de l'amour que j'ai eu pour vous... Car vous savez si je vous ai aimée, Fleur-des-Genêts...

—Ma foi ! dit brutalement mame Théo, je ne m'en souviens plus du tout...

A cette impertinente réponse, Bernard frémit de colère, un nuage passa sur son son front, et il courut à la fenêtre :

— Pornic? cria-t-il.

— Holà ! monsieur Bernard.

En un clin d'œil Pornic eut atteint l'entablement de la croisée et sauta dans la chambre.

Bernard venait de reprendre ses pistolets ; il s'était adossé à une console, et il ne tremblait plus.

— Tu vois cette femme? dit-il à Pornic.

— Oui, monsieur Bernard.

— La reconnais-tu ?

Pornic alla regarder mame Théo sous le nez et répondit :

— Nenni point ! Je ne l'ons jamais vue, Jésus Dieu !

— Si, dit Bernard, c'est Fleur-des-Genêts.

— Mam'zelle Fleur-des-Genêts, ça? Pas possible, dit Pornic. Fleur-des-Genêts, qu'était si mignonne, ne serait pas devenue une grosse rougeaude comme ça...

Vous avez la berlue, sauf votre respect, monsieur Bernard...

— C'est elle, fit ce dernier d'un ton d'autorité. Maintenant, regarde ce portrait... c'est celui du chevalier de Kerbrie notre maître... Ce portrait était chez moi la nuit dernière ; il a disparu avec mon enfant. Puisqu'il est ici, l'enfant doit y être...

— C'est tout de même ben possible ça, au moins.

— Cette femme, continua Bernard les dents serrées, cette femme qui m'a fait voler mon enfant, refuse de me le rendre. Or, j'ai aimé cette femme pendant vingt ans, je l'ai aimée comme on aime sa mère, comme les anges aiment Dieu... Elle a brisé mon amour d'un seul mot, il y a deux minutes ; mais je me suis juré que mes mains ne toucheraient pas à la femme par qui et pour qui j'ai souffert.

— En voilà de la délicatesse! fit Pornic en haussant les épaules.

— Tu vas donc, poursuivit Bernard, aller vers cette femme, tu lui mettras un genou sur la poitrine et un pistolet sur le front ; puis tu prendras ses deux mains dans la tienne et tu les lui broieras jusqu'à ce qu'elle parle et dise où est l'enfant...

Mame Théo fit un geste d'épouvante et et ouvrit la bouche pour crier.

— Si elle crie, ajouta Bernard, tu lui brûleras la cervelle...

Pornic était un gars qui n'avait pas froid aux yeux, soyez-en sûrs ; les Kabyles avaient plus d'une fois eu d'intimes relations avec son sabre courbe ; aussi, en cette circonstance comprit-il toute l'importance de sa mission. Il s'avança donc impassible, fit le salut militaire, et mit un genou sur la poitrine de madame Théo ; puis il prit ses deux mains dans la sienne, appuya sur son front l'un des pistolets et dit :

— Avec votre permission, ma grosse mère.

Et il serra les mains ornées de bagues de la respectable épouse de Théophraste Carnaud.

Madame Théo laissa échapper un cri perçant et tourna brusquement la tête vers une alcôve fermée.

— Lâchez-moi, dit-elle, l'enfant est là.

Bernard poussa un véritable hurlement de joie, se précipita vers l'alcôve et appela :

— Aïcha ! Aïcha !

— Est-ce toi, papa Bernard ? demanda une petite voix.

— Oui, ma fille, oui, répondit le pauvre garçon en ouvrant l'alcôve à deux battants et s'élançant vers le lit, les deux bras tendus.

Pornic lâcha aussitôt les mains de madame Théo, puis recula avec respect.

— Pardon, excuse, dit-il, désolé de vous avoir un peu chatouillée, mais j'avais ma consigne...

Madame Théophraste Carnaud n'en entendit pas davantage; en retrouvant l'usage de ses mains elle retrouva celui de ses jambes, se leva d'un bond et s'enfuit, imprimant à son embonpoint une secousse désagréable, mais salutaire.

Quant à Bernard, il couvrait la petite fille de larmes brûlantes et d'ardents baisers.

Bien que le gars Pornic eût une démangeaison terrible d'en faire autant, il sut se maintenir dans les bornes respectueuses des convenances, et se prit à arpenter la chambre, les mains croisées derrière son dos, un sourire orgueilleusement modeste aux lèvres, comme il convient à un homme qui s'est élevé au sublime de l'héroïsme sans rien perdre de sa simplicité.

Mais, tout en se promenant, il avisa l'étui de fer-blanc et se dit :

— Tiens, ça pourrait bien être le congé de M. Bernard, que ces canailles-là qui ont *fait* l'enfant et le portrait auront emporté par-dessus le marché. Jour de Dieu! y a-t-il des fripons en ce monde!

Et il mit prudemment l'étui dans sa poche.

Bernard sortit de l'alcôve riant et pleurant, son enfant dans ses bras; il ne prit pas garde au départ de Fleur-des-Genêts, non plus qu'à Pornic, qui, après avoir mis l'étui dans sa poche, plaçait le portrait sous son bras, se dirigea vers la fenêtre, et, sans se soucier de son élévation au-dessus du sol, il sauta lestement et toucha le sol sans accident.

Le vieux Pelao restait assis sur la borne, cherchant toujours à comprendre pourquoi il se trouvait à pareille heure dans une rue déserte.

Ce n'était pas le moment de fournir des explications.

— Pornic, dit Bernard à celui-ci qui le rejoignait, il est une heure du matin, nous ne trouverons plus de voiture, et mon père n'a bon jarret que lorsqu'il est fou : peux-tu le porter ?

— Pardi ! fit Pornic, il n'est pas si lourd, le vieux. Et se débarrassant du portrait qu'il tendit à Bernard, il chargea le vieillard sur ses épaules et prit les devants d'un pas alerte. Bernard le suivit en couvrant la petite fille de caresses. Quant à Pluton il ne sentait presque plus ses blessures, il sautait à l'entour d'Aïcha :—la joie venait de le guérir. En moins d'une heure, nos voyageurs nocturnes étaient arrivés chez eux. Alors, quand on eut couché l'enfant et le vieillard, Pornic montra sa trouvaille à Bernard. Celui-ci l'ouvrit, en tira les parchemins un à un, et faillit suffoquer en reconnaissant les titres du vieux chevalier.

— Ah ! s'écria-t-il, Dieu est pour Kerbrie !

Puis se souvenant que Gaston avait dû l'attendre la veille à neuf heures.

— Morbleu ! exclama-t-il avec colère, c'est la première fois que Pelao aura fait attendre Kerbrie. Le monde dégénère, il n'y a même plus de serviteurs !

— Gars, continua-t-il en s'adressant à Pornic, tu vois bien ces papiers ?

— Oui.

— Eh bien ! c'est la fortune de Kerbrie.

— Et c'est moi qui les ai pris ! s'écria Pornic radieux ; en v'là une chance !

— Aussi, dit Bernard, nous irons tous deux, dès demain matin.

— A quelle heure ?

— Mais dame! à dix heures. Notre jeune maître se couche tard, faut le laisser dormir.

— C'est dit, et nous ferions bien d'en faire autant. Bonne nuit, monsieur Bernard.

# Gaston.

## XVI.

A neuf heures du matin, Gaston était habillé et prêt à sortir.

Il se promenait à grands pas dans sa chambre à coucher, le front pâle et froissant dans ses doigts crispés un numéro de journal.

— Ainsi donc, murmurait-il avec rage, fortune, rang, famille, tout ce qui m'était apparu un moment comme un mirage éblouissant, tout ce que j'avais entrevu, quelques heures, comme l'apogée du bonheur, tout cela n'était qu'un rêve.

Hier, j'ai attendu cet homme, mon cœur battait à rompre ma poitrine, une sueur brûlante inondait mon front, la fièvre dévorait mes membres, je comptais les pulsations de cet être de marbre et de bronze qu'on nomme une pendule, je suivais son aiguille avec la poignante anxiété de l'espérance, et l'aiguille a sonné minuit... et il n'est pas venu.

Et pourtant, pourtant, j'espérais encore ce matin, je bâtissais vingt suppositions invraisemblables pour excuser cet inexplicable retard ; mais voici le coup de massue ! Après lui, douter est impossible !...

Et d'une voix fébrile et saccadée, Gaston relut le fait-Paris suivant :

« Depuis quelque temps, plusieurs jeu-
» nes hommes parfaitement honorables
» sont la dupe d'une mystification gros-
» sière. Un homme d'environ trente-six
» ans, décemment vêtu, décoré, se présente
» chez vous et vous dit :

» — Monsieur, le nom que vous portez
» n'est point le vôtre ; on vous a trompé
» dès votre naissance ; votre père est un
» gentilhomme breton fort riche au service
» duquel a été toute ma famille ; j'ai chez
» moi un portrait qui vous ressemble trait
» pour trait, etc., etc.

» Cet homme promet de revenir, mais il
» ne revient pas, et recommence le lende-

»main sur une autre point son étrange
»comédie. Ce malheureux n'a du reste
»aucune intention mauvaise, c'est tout
»simplement un pauvre aliéné que sa fa-
»mille fait rechercher à l'heure qu'il est
»pour le confier au docteur Blanche...»

Gaston jeta le journal et le foula aux pieds.

— O dérision ! murmura-t-il.

Et il continua sa promenade inégale et tourmentée, puis soudain il s'arrêta, l'œil brillant d'un feu maladif.

— Oh ! dit-il, puis qu'il faut renoncer à ce nom espéré, du moins m'en ferai-je un assez grand, assez respecté pour qu'il se passe d'aïeux... Laurence, vous m'avez dit que la célébrité vous suffirait pour moi. Eh bien ! cette célébrité, je l'aurai et vous pourrez m'aimer !

En ce moment, le groom entra :

— Les malles de monsieur sont prêtes, dit-il.

— Très-bien. Allez me chercher une voiture.

— Monsieur ne veut pas déjeuner avant de partir ?

— Non. Allez.

Le groom sortit.

Gaston promena alors un mélancolique regard sur les tentures de sa chambre, passa dans le salon et examina chaque meuble, chaque objet l'un après l'autre, puis dans son cabinet où il toucha à tout, — à ses fleurets, à ses pistolets, à son fusil, à ses pipes turques, à ses livres épars sur les rayons d'une étagère en citronnier, à un coffret de palissandre qui renfermait les lettres de Laurence...

— Il faut donc te quitter, ma petite retraite aimée, dit-il, mon nid de poète que

j'ai arrangé, façonné, embelli peu à peu ;
il faut donc te dire adieu pour trois longs
mois, — trois siècles pendant lesquels je
vivrai de ma rude et noble vie d'autrefois... trois siècles, répéta-t-il, au bout
desquels le cœur de ma Laurence aura
battu sur le mien...

A cette pensée, un orgueilleux sourire
passa sur ses lèvres aristocratiques; il prit
le coffret sous son bras, jeta un dernier
regard d'adieu à son cabinet, traversa sa
chambre et gagna la porte, sur le seuil de
laquelle se tenait le groom, de retour.

— La voiture est en bas, dit ce dernier.

— C'est bien ; portez mes malles.

— Quand monsieur reviendra-t-il ?

— Dans trois mois.

— Monsieur n'a pas d'ordres à me donner?

— Vous mettrez mes lettres de côté et vous me les donnerez à mon retour.

— Monsieur va-t-il me laisser son adresse ?

— C'est inutile ; si l'on vient me demander, vous direz que je suis en Suisse...

— Cependant, si c'était très-important?

— Dans ce cas, vous prieriez qu'on m'écrive, et vous porteriez la lettre chez madame de Willermez.

— Monsieur peut y compter.

— Tenez, dit Gaston, voici vos gages de trois mois, plus une gratification de cent francs... ne me volez pas.

— Ah! monsieur... fit le groom avec un accent indigné.

Gaston sourit, monta en voiture et s'éloigna. Il était dix heures moins un quart, et Bernard et Pornic n'étaient point encore venus!

# Le Blondin.

XVIII.

Tandis que Bernard était provisoirement sous les verrous par suite de l'enlèvement d'Aïcha et de la perspicacité du commissaire de police, un équipage s'arrêta le matin, vers dix heures, dans la rue Amelot, devant la porte de maître Claude Perrussin, ex-sommelier du château de Kerbrie, et pour lors patron d'un atelier de sclupture.

C'était un magnifique coupé bleu de ciel avec étrivières et panneaux armoriés, traîné par deux meklembourgeois demi-sang, de robe gris de fer, les naseaux fendus, l'œil saillant à fleur de tête, le garrot bombé et les jambes grêles et nerveuses, conduits par par un cocher anglais dont la mine trognonante ressortait en rouge sous une perruque poudrée à frimas. N'eût été le demi-sang des chevaux, nobles bêtes du reste, on eût dit, en voyant filer cet équipage le long des boulevards, qu'il appartenait à un duc et pair d'Angleterre terminant la saison à Paris.

Le laquais, suspendu aux étrivières, descendit lestement de son mobile piédestal, s'avança sur la pointe de ses escarpins vernis d'où s'échappait un bas blanc bien tendu, ouvrit la portière et présenta l'avant-bras à un gros homme bien couvert et bien nourri, qui s'y appuya sans façon et toucha le sol en soufflant bruyamment.

Ce gros homme, magnifiquement emprisonné dans une de ces houppelandes à long poil et brandebourgs encore de mode alors, les mains ornées de brillants véritables, mais d'assez mauvais goût, portant sous-pieds et pantalon collant, n'était autre que notre ancienne connaissance, l'intendant Karnieuc, baron de fraîche date et membre de toutes sortes de sociétés humanitaires et philanthropiques.

M. le baron s'appuya sur l'épaule de son valet avec l'insolente nonchalance des parvenus et entra dans l'atelier qui se trouvait de plain-pied avec la rue.

Maître Perrussin fumait gravement sa pipe dans un coin; mais à la vue du noble personnage qui daignait le visiter, il laissa échapper de ses lèvres le brûle-gueule noirci par l'usage et s'avança précipitamment à la rencontre du baron.

Les ouvriers, voyant la réception faite par le patron à un monsieur aussi supérieurement couvert, ôtèrent respectueusement leur casquette et suspendirent leur ouvrage.

Le baron Karnieuc se jeta pesamment sur un escabeau.

— Oh! que c'est dur! fit-il; il faut avouer que nos pères, les gentilshommes d'autrefois, aimaient moins leurs aises que nous, car, par Notre-Dame-sous-Bois! c'est peu rembourré ces choses-là!

L'ex-intendant avait oublié de changer de juron en faisant peau neuve.

— Monsieur le baron vient pour son écusson? demanda Perrussin en saluant de nouveau.

— Ma foi! oui.

— Il est prêt, et j'espère que monsieur le baron...

— Voyons, fit Karnieuc, où est-il?

Perrussin fit un signe et son contre-maître apporta un bloc de chêne dans lequel on avait taillé un magnifique ouvrage héraldique.

M. le baron s'extasia et fit des compliments à Perrussin, qui les accepta d'un air modeste, mais digne, — en homme qui sent ses mérites.

— Faites porter cela chez moi, dit-il.

— Monsieur le baron peut y compter.

— Dans la journée au plus tard.

Perrussin s'inclina.

— Ou plutôt, fit maître Karnieuc en regagnant sa voiture et jetant à la dérobée un regard d'intelligence à un ouvrier avec lequel nous ferons connaissance bientôt, venez vous-même ce soir, à six heures précises. Madame la baronne Karnieuc sera enchantée de vous avoir à dîner.

Si le toit de sa maison se fût écroulé, Perrussin, le premier moment de stupéfaction passé, eût dit philosophiquement :

— Bah ! nous sommes tous mortels.

Si le roi Louis-Philippe, alors régnant, l'eût fait chevalier de l'ordre de la Légion-d'Honneur, après un court instant de surprise il se fût écrié :

— Je ne sais pas pourquoi on me décore ; mais il faut que je l'aie mérité très-probablement... D'ailleurs le roi sait mieux ces choses-là que moi.

Mais venir dire à Perrussin, sans préparation, sans crier gare, le matin, quand il était à jeun encore :

— Vous dînerez ce soir chez M. le baron Karnieuc ; — c'était bouleverser sa raison, l'écraser de joie, le faire se pâmer d'orgueil... que sais-je?

Perrussin eût trouvé tout naturel que feu madame de Kerbrie l'invitât à dîner :
— La vieille noblesse, c'est pas fier, dame! mais dîner chez Karnieuc, c'est-à-dire chez un homme qui, par sa seule industrie et des procédés mélangés peut-être d'alchimie et de sorcellerie, était successivement monté de la profession d'intendant au titre de baron, et devenu banquier, — cela bouleversait tous les calculs du faible cerveau de cet honnête Breton, et fouettait à vif ses ambitions les plus légitimes.

Aussi l'ex-sommelier put-il à peine balbutier quelques mots de remercîment, et repoussa-t-il avec un sentiment de pudeur respectueuse le goulot indiscret de sa bouteille dans les profondeurs de sa poche.

Puis, quand le coupé de M. le baron se fut éloigné rapidement, il rentra radieux dans son atelier, et dit à ses ouvriers :

— Aujourd'hui, les enfants, vous quitterez à six heures moins le quart. Je vous donne ces deux heures de votre journée.

— Vive le patron ! s'écria un tout jeune homme, le même avec qui Karnieuc avait échangé un regard rapide.

— Et surtout, continua Perrussin, n'oubliez pas que demain c'est jour de paye, et soyez ici à sept heures.

Le soir venu, maître Perrussin revêtit son plus beau paletot, ferma son atelier et, s'apuyant sur un magnifique jonc à pomme d'ivoire, enfila le boulevard et prit le chemin des beaux quartiers.

Cependant, en s'en allant, et bien qu'il eût fermé son atelier, il avait laissé dans l'arrière-boutique un petit jeune homme blond fade, doucereux, souriant, les mains blanches, assez mauvais ouvrier, mais insinuant et câlin, et qui avait su le faire rire par quelques pauvres bons mots répétés à satiété.

Ce jeune homme était appelé le Blondin par ses camarades d'atelier, auprès desquels il jouait assez bien le rôle de loustic. Quand un *nouveau* arrivait, le Blondin se mettait en train d'organiser une *charge* à fond sur lui et d'extraire de son ingénuité de quoi payer ce que partout, au régiment, à bord et dans l'atelier, on appelle la bienvenue.

On n'aimait pas le Blondin : on trouvait qu'il n'était pas franc de regard et qu'il flattait trop le patron; mais on riait de ses saillies et il était le boute-en-train ordinaire.

Bernard Pelao lui-même, le rude et loyal Breton, avait coutume de dire :

— C'est pas franc, c'est canaille; mais c'est drôle, ce *gône*-là!

Quant à Pornic, il demandait humblement pardon à M. Bernard de n'être pas de son avis; mais il disait :

— Je suis trop bête, sans doute, pour aimer l'esprit. Quand j'ai le cœur folichon, je vas aux Funambules : j'aime ce qui est drôle; mais je n'aime pas les drôles... Ça finira mal, ça.

Cependant, le Blondin habitait la même maison que Bernard et Pornic. Il avait une mansarde en face de celle de ce dernier. Mais Pornic n'avait jamais voulu communiquer avec cette *espèce* et se bornait à de laconiques conversations.

— C'est mon idée, disait-il, que le Blondin est comme qui dirait les orfraies qui nichaient dans la tour de Kerbrie : il chante toute la nuit, et des chansons qui font qu'on se signe... ça porte malheur!

---

Le Blondin resta donc seul dans l'arrière-boutique pour terminer un ouvrage assez pressé qu'il avait *aux pièces*.

Mais dès qu'il fut seul, car le contre-maître était parti et la fille de Perrussin habitait le troisième étage, il alla faire une minutieuse inspection des lieux, s'assura qu'il était bien seul et revint dans le grand atelier.

Là, il se plaça devant l'établi de Bernard, prit un ciseau et entama hardiment et avec le plus grand soin une Chimère que le dessinateur avait, en l'absence de ce dernier, posée à sa place, et que Perrussin lui destinait pour le lendemain, ne l'ayant point vu venir ce jour-là.

Le Blondin travailla environ une demi-heure, puis s'arrêtant :

— Je n'ai pas la main de Bernard, dit-il, mais j'ai dégrossi et on n'y verra que du feu. Tout le monde croira que c'est lui.

Et là-dessus, il abandonna le ciseau, en prit un autre plus fort, marqué sur le manche au nom de Bernard, et regagna l'arrière-boutique.

Dans cette pièce il y avait un assez beau pêle-mêle de meubles, deux établis, celui du Blondin et un autre, et la porte d'un cabinet où couchait Perrussin.

Le Blondin passa une nouvelle revue des lieux, colla son oreille aux contrevents du magasin, fureta partout et finit revenir à la porte du cabinet qui était fermée à clé, mais qu'à l'aide du ciseau il enfonça sans peine et presque sans bruit.

Dans le cabinet, outre un lit et quelques chaises, était un simple bureau en noyer avec serrure ordinaire.

C'était là que le confiant Perrussin plaçait son argent, ses valeurs commerciales et ses livres de caisse.

Une simple serrure qui n'était même pas tréflée ! cela eût fait hausser les épaules à MM. Huret et Fichet ; — et bien plus encore, sans nul doute, à M. le baron Karnieuc, lequel avait pour principe que l'argent doit être enfermé dans un coffre de bronze, et que ce coffre ne peut jamais avoir trop de serrures à secret.

Il est vrai que, par expérience, maître Karnieuc savait comment on s'y prend pour forcer un coffre ; du moins c'était, nous l'avons vu, l'avis de madame de Willermez.

Le Blondin pénétra dans le cabinet, tira prudemment la porte sur lui, alla au bureau et fit sauter la serrure.

Le bureau ouvert, il aperçut un petit portefeuille en maroquin rouge ; à côté du portefeuille, un sac d'argent. C'était la paye du lendemain.

Le Blondin visita le portefeuille, en tira une douzaine de billets de banque, remit deux ou trois billets dedans, cacha le reste dans sa poche et posa le ciseau sur le tablier du bureau.

Puis il emporta le portefeuille et le sac

d'argent, dissimula le tout sous sa blouse, laissa les portes entrebâillées, à l'exception de celle de la rue, et se sauva furtivement, sa casquette sur les yeux, en fredonnant un refrain grivois pour se donner de la contenance.

Le Blondin monta rapidement l'escalier de la maison, mais il eut le désavantage réel de croiser Pornic qui descendait chez le vieux Pelao et qui le regarda de travers selon son habitude. Pornic était trop peu perspicace pour apercevoir chez le Blondin un trouble inusité.

Celui-ci s'enferma chez lui, fit à la sourdine deux parts de l'argent monnayé, une grosse et une petite, remit la petite au fond du sac comme il avait laissé trois billets de cinq cents francs dans les poches du portefeuille, et murmura :

— C'est vexant tout de même d'aban-

donner ça, quinze cents balles au moins.
— Mais, bah! ajouta-t-il, il m'en reste ben cinq mille, et mille qu'on me donnera, ça fait six. En v'là de la chance ! Faut que j'achète une maison à Belleville et une boutique d'épicerie, — ça fera bien ; j'ai de l'ambition, moi, et je peux pas souffrir de vivre avec les ouvriers. C'est peuple! fi donc!

Le Blondin accompagna cette tirade du geste habituel et fameux du gamin de Paris, — puis il se rassit sur son lit de sangles :

— Mais c'est pas le tout, continua-t-il, faut placer ce sac et ce portefeuille, si je veux enfoncer la *rousse* et gagner le billet de mille qu'on m'a promis. Diable! c'est pas facile! le vieux dort comme une toupie, mais l'autre.... j'ai dans l'idée qu'on l'a mis à l'ombre ce matin, touchant la petite...

Il se fit du bruit dans l'escalier, le Blondin entr'ouvrit la porte et entendit le pas et la voix de Bernard qui rentrait après avoir été relâché par ordre du juge d'instruction.

— Voilà qui est vexant, grommela-t-il, je le croyais en prison... comme je suis peu *chanceux*!

Le Blondin se recoucha sur son lit et, couvrant son butin avec son oreiller, il essaya de dormir; mais il fermait l'œil à peine qu'un nouveau bruit se fit entendre.

C'était le moment où Pornic, Bernard, qui emportait Pluton dans ses bras, et le vieux Pelao qui cheminait en divaguant, descendaient pour aller à la recherche de la petite Aïcha.

Le Blondin se pencha sur la rampe, écouta palpitant les demi-mots de Bernard et de Pornic, puis le bruit de la porte qu'ils tiraient sur eux, le roulement de la voiture qui s'éloignait, attendit bravement encore, puis se dit :

— Vl'à le moment, je pourrai devenir épicier ! quel chic !

# Le portefeuille et le sac

## XVIII.

Bernard, son père et Pornic, nous l'avons dit précédemment, étaient rentrés dans la nuit, après avoir retrouvé Aïcha.

Bernard, épuisé de fatigue, s'était endormi presque aussitôt un sobre repas achevé; et son sommeil s'était prolongé jusqu'au matin assez tard, lorsqu'il fut soudain éveillé par des coups redoublés frappés à sa porte, et ces mots qui arrivèrent à son oreille :

— Ouvrez, au nom de la loi !

Il se vêtit à la hâte et alla ouvrir, tout étonné. Un commissaire de police et deux agents se présentaient suivis de Perrussin, du Blondin et de deux ou trois ouvriers de l'atelier.

— Que me voulez-vous ? demanda Bernard.

— Ce que nous te voulons, brigand, hurla Perrussin... Voleur ! filou !

Bernard pâlit horriblement, puis bondit jusqu'à Perrussin, lui saisit le bras et lui dit :

— Taisez-vous, ne m'insultez pas, ou je vous étrangle !

— Assurez-vous de cet homme, dit le commissaire à ses agents.

— Mais que voulez-vous, et qu'ai-je donc fait? demanda Bernard tremblant d'émotion et de colère.

— Tu m'as volé! vociféra Perrussin. Où est mon portefeuille et mon sac de mille francs?

— Vous êtes fou, s'écria Bernard, et je ne sais ce que vous voulez dire...

— Oh! continua Perrussin, il faudra bien que tu me les rendes. Car on t'a vu, tu es venu hier à l'atelier, c'est le Blondin qui t'a ouvert et qui t'a laissé seul, et tu as commencé ta Chimère. Il y a au moins une heure d'ouvrage.

— C'est faux, dit Bernard. Puis, apercevant le Blondin, il se tourna vers lui:

— Est-ce que tu m'as vu à l'atelier?

— Oui, répondit le Blondin avec calme.

Bernard fut attéré.

— Mais je rêve ! s'écria-t-il, je rêve... ou... ou...

Aucune parole ne vint sur ses lèvres et il jeta un regard hébété autour de lui...

— Et même, continua Perrussin, que tu t'es servi de ton ciseau plat pour forcer mon secrétaire.

— Le ciseau, dit imperturbablement le commissaire, sera déposé au greffe. Maintenant nous allons opérer une perquisition...

— Oh ! cherchez, s'écria Bernard avec force, cherchez partout... mais ne m'accusez pas ! ces hommes sont fous. Je n'ai jamais volé !

— Que personne ne sorte ! ordonna le magistrat en plaçant des sentinelles à la porte de la chambre du vieux Jean, qui s'éveillait fort étonné, et dans le lit duquel la petite Aïcha s'était réfugiée tremblante, à la vue de tous ces visages inconnus.

Alors commença la perquisition. Meubles, paillasses, armoires, tout fut fouillé : on ne trouva rien. Le Blondin avait la sueur au front ; Bernard avait repris sa fière attitude, Perrussin grommelait entre ses dents : Il l'aura fait filer ailleurs... Lorsque le Blondin fut pris d'une bonne pensée ; il leva machinalement les yeux dans la direction du baldaquin du lit de la petite Aïcha ; le commissaire et Perrussin suivirent ce regard au vol ; un agent monta sur une chaise, atteignit le baldaquin et trouva dessus, dissimulés dans la corniche, les objets volés.

Il est de loyales natures, chez qui l'ombre d'un soupçon, l'accusation la plus légère, suffisent pour détruire toute énergie. Celle de Bernard était du nombre.

Quand il vit ce portefeuille, ce sac, qu'on l'accusait d'avoir volés, quand il les vit chez lui, il se laissa tomber foudroyé.

— Oh! s'écria soudain Perrussin, le sac est presque vide!... Et le portefeuille! le portefeuille... Ah! bandit... trois billets au lieu de douze. Je suis ruiné!

Et le colosse s'élança vers Bernard, le saisit à la gorge et voulut l'étouffer, tout en criant à tue-tête et avec des sanglots dans la voix :

— Dis-moi ce que tu as fait du reste, dis-le-moi! dis...

Bernard se laissait étrangler et ne répondait pas.

— Emmenez cet homme, dit le commissaire aux agents, je l'arrête au nom de la loi.

Perrussin comptait les écus du sac :

— Deux cent-cinquante francs, murmurait-il avec accablement. Comment faire ma paye ce matin?

— Monsieur, lui dit le commissaire, tandis qu'on emmenait Bernard qui n'opposait aucune résistance et s'en allait la tête inclinée et les bras pendants, — monsieur, veuillez me remettre ce portefeuille et ce sac.

— Pourquoi faire? exclama l'ex-sommelier.

— Parce qu'ils doivent être déposés au greffe comme pièces de conviction.

— Mais je puis prendre l'argent qui est dedans?

— Nullement.

— Et ma paye, avec quoi la ferai-je?

— Monsieur, répondit le magistrat avec une dignité superbe, ceci ne regarde point la justice.

— La justice? hurla Perrussin furieux, il y a un vieux proverbe au pays breton qui dit : *Soyez à demi ruiné et appelez la justice... vous le serez tout-à-fait!*

Et Perrussin se laissa aller sur une chaise, et se mit à pleurer, murmurant :

— C'est la première fois que je ne payerai pas mes ouvriers à jour fixe.

Parole d'honneur! M. le baron Karnieuc ne se fût pas préoccupé pour si peu. Il eût pleuré son argent, mais pour l'argent lui-même! — C'était un banquier galant homme.

Bernard fut emmené chez le commissaire, quai du canal.

— Placez-moi cet homme dans la petite pièce, dit ce dernier, je ne l'enverrai au dépôt que ce soir : il faut que je dresse procès-verbal.

Le prisonnier fut claquemuré dans une sorte de cabinet attenant à celui du commissaire, entre quatre murs nus, et donnant par une fenêtre grillée sur le quai.

Quand on eut tiré les verrous sur lui, le malheureux accusé s'écria :

— Mon Dieu ! mon Dieu ! ayez pitié de moi... Il faut que je serve Kerbrie, cependant Kerbrie m'attend !

# Le saut périlleux.

XIX.

Bernard était seul depuis une heure environ dans la prison provisoire qui lui était assignée jusqu'au soir.

Le pauvre garçon pleurait, abîmé en une prostration horrible. Accusé de vol !

lui, le soldat loyal, le serviteur dévoué, l'homme infatigable et probe qui dédaignait sa part d'un large héritage tout entier au fils de ses anciens maîtres. Et l'accusation ne suffisait pas,—il fallait qu'une machination infernale, une de ces combinaisons qui feraient presque douter de la justice divine à certaines heures, vînt la corroborer d'une preuve accablante.

Bernard demeura longtemps sous le coup d'un anéantissement profond, puis, devenu plus calme, il murmura :

— C'est à n'y rien comprendre ! je n'ai pas d'ennemis pourtant, je n'ai jamais fait de mal à personne... qui donc peut avoir intérêt à me perdre... Moi, voleur ! Oh ! si la vérité ne se fait pas jour bientôt, il ne sera plus temps, je serai mort de honte.

Et Bernard retomba dans sa rêverie

lugubre. Mais, tandis qu'on n'entendait entre les quatre murs de la prison que le bruit saccadé de sa respiration, les rides de son front se creusaient sous l'étreinte d'une pensée ardente et soudaine, laquelle venait jeter une vive lumière sur ces infernales ténèbres qui enveloppaient et bâillonnaient son intelligence depuis quelques heures.

Et cette pensée grandissant, se développant, il se dit :

— Aïcha enlevée juste le jour où je devais porter à Kerbrie le portrait de son père... Accusé de vol le lendemain de ce jour... Il faut que ce soit quelque héritier de la baronne qui ait deviné mes efforts et mette tout en œuvre pour me perdre et perdre notre fils... Mais quel est-il, mon Dieu ? car je ne les connais pas tous, moi ; j'ignore leur nombre et leurs noms,

à l'exception des serviteurs de Kerbrie...
et parmi ces derniers... Oh! fit Bernard
avec une sourire à fendre le cœur, parmi
ces derniers, il en est un, Bachelet... Mais
bah! c'est un pauvre homme comme
moi, et les pauvres gens ont si peu de
puissance... Qui donc serait-ce? Bernard
prit encore son front à deux mains et s'a-
bîma dans sa persévérante méditation.

— Karnieuc! s'écria-t-il soudain, c'est
lui! Cet écusson, cette visite qu'il a, dit-
on, faite à Perrussin... Oh! quelle idée!
ne serait-ce point Perrussin lui-même?...
Mais je divague, c'est un honnête homme
que Perrussin... c'est égal, il y a du Karnieuc là-dessous.

Et Bernard se leva et se promena à
grands pas dans son étroite cellule.

— Il faut pourtant que, d'une manière
ou d'une autre, je voie le fils de Kerbrie; il

faut que je lui donne ses papiers... il faut... mais, fou que je suis! comment le voir ? La justice ne va pas vite en besogne. En admettant qu'on me reconnaisse innocent, j'aurai toujours trois mois de prévention, et, dans trois mois, ô Kerbrie! Kerbrie! mon enfant, mon maître, il faut pourtant que tu aies titres et héritage! Si je lui envoyais Pornic? si je le faisais prier de me venir voir? — Mais un homme en prison et accusé de vol n'inspire aucune confiance... on dit : C'est un filou qui veut me carotter, et on ne le croit pas... Décidément, il faut que je m'échappe.

Bernard alla vers la porte, colla son œil au guichet de fer et aperçut les deux agents à califourchon sur un banc qui leur servait également de table, et faisant leur cent de piquet.

C'était l'heure où le commissaire de police et son secrétaire allaient déjeuner et laissaient seuls les agents.

Bernard abandonna le guichet et alla vers la fenêtre; la fenêtre munie d'un simple grillage, donnait sur le quai du canal, à la hauteur d'un troisième étage : c'était folie de songer à en sauter.

Bernard retourna au guichet, puis revint à la fenêtre, puis alla de nouveau au guichet. Les agents jouaient toujours et leur jeu était même assez animé.

Alors il n'hésita plus, marcha résolument et sur la pointe du pied vers la fenêtre, tira de sa poche un long couteau qu'on lui avait laissé, car on n'avait point songé à le fouiller, et se mit à l'œuvre.

Le grillage, cloué à un simple châssis de bois, était facile à arracher en faisant sauter la tête des clous. C'était un peu long; mais l'infatigable Bernard, tout en travaillant sourdement, allait vite en besogne.

En moins d'un quart-d'heure, le grillage fut descellé d'un côté, laissant une ouverture assez grande pour laisser passer le corps.

Bernard prit son couteau aux dents, se glissa entre la grille et le châssis, puis s'accroupit sur l'entablement extérieur de la fenêtre et plongea un regard sûr et rapide en bas et à l'entour de lui ; en bas, à quarante ou cinquante pieds, le pavé luisant et sec, — à l'entour des murs crépis soigneusement sans la moindre aspérité, la plus légère crevasse, le tuyau de conduite le plus petit...

Mais au-delà du pavé, le canal ! Il est vrai qu'il était presque impossible de tomber dans l'eau à une pareille distance ; il est vrai encore que du lieu où il se trouvait il était difficile au prisonnier de prendre son élan, et qu'il irait infailliblement se broyer sur la chaussée du quai s'il n'avait la souplesse du tigre et sa musculeuse élasticité.

Bernard calcula et comprit tout, hésita une seconde, fit un signe de croix et récita mentalement un courte oraison à la bonne Vierge des grèves bretonnes, — puis se dressa de toute sa hauteur sur son étroit piédestal, mesura d'un coup d'œil assuré l'espace qu'il avait à franchir... hésita une seconde encore et enfin s'écria :

— C'est pour Kerbrie !

Et soudain, au moment même où la clé tournait dans la serrure, et tandis que la porte de sa prison livrait passage à l'un des agents, il bondit, tourna sur lui-même et alla s'abîmer, la tête la première, dans les flots du canal, aux regards éblouis des passants qui longeaient le quai ou franchissaient les ponts.

Presque en même temps un cri général d'admiration et de frayeur retentissait sur les deux rives, tandis que, penché à la fenêtre brisée, l'agent de police criait à plein poumons :

— Au voleur ! au voleur !

Un rassemblement considérable se fit instantanément sur les quais, toutes les têtes se penchèrent anxieuses pour voir reparaître le plongeur... mais le plongeur ne reparut point !

— Il s'est tué !
— Il est noyé !
— Il s'est *péri* !

Murmurait-on de tous côtés, tandis que les soldats du poste le plus voisin, à qui l'alarme était déjà donnée, accouraient au pas de course ; mais soldats et curieux attendirent vainement une, deux, cinq minutes ! Aucun bouillonnement ne se fit à la surface de l'eau, qui continua à couler paisible et muette, passant comme un linceul sur le corps qu'elle venait d'engloutir.

Alors un débardeur du port se jeta bravement dans le canal, plongea, reparut, plongea encore et revint seul !

Si la chose eût eu lieu dans la Bretagne bretonnante, quelque bonne femme se fût dévotement signée en murmurant :

— C'est le diable, Jésus Dieu ! c'est le diable !

— C'est ben possible, *itou*, — eût répondu en chœur la foule.

Mais c'était à Paris, — à Paris, la ville du scepticisme, — et chacun préféra croire que le hardi prisonnier s'était noyé et que le plongeur inhabile n'avait pu découvrir son corps.

— Son compte est bon, dit le chef du poste en commandant la retraite à ses hommes.

— *Amen,* répondirent les deux agents de police qui étaient pareillement accourus.

— Pauvre diable ! fit le commissaire à qui l'événement fournissait le prétexte d'un nouveau procès-verbal minutieusement détaillé.

# L'égoût.

## XX.

Bernard était donc mort? va-t-on nous demander.

Allons donc!

Vouloir qu'un homme qui avait bravé le trépas sur vingt champs de bataille, lutté corps à corps avec des Kabyles, périt honteusement dans le canal Saint-Martin, à la barbe d'un caporal, de cinq hommes, d'un commissaire, de deux sergents de ville et d'une centaine de badauds, serait de la folie ?

Bernad noyé ! un gars qui était jadis pêcheur de coques sur les grèves du Finistère ! Nenni point ! comme disait Pornic.

Dans sa chute terrible et rapide, Bernard avait tout vu, tout compris : les badauds des quais, le danger qu'il y avait à reparaître, l'alarme étant donnée ; et, en brave et hardi plongeur qu'il était, il avait filé prudemment entre deux eaux en aval du courant.

Bernard habitait le quartier depuis trois ou quatre ans, il savait par cœur les moindres mystères de ce singulier canal que le système éclusier met à sec plusieurs fois par jour ; il se souvenait d'avoir remarqué en plus d'une occasion l'orifice d'un égout qui s'y déversait ; et conduit par une admirable présence d'esprit, il gagna cet orifice entièrement couvert par l'eau, prit pied et marcha résolûment en avant, malgré les opaques ténèbres qui venaient de succéder pour lui à la lumière blanchâtre et confuse qui le guidait naguère dans le canal.

Depuis près de deux minutes, il était sous le flot ; mais il avait d'excellents poumons, et il continua de gravir le talus en maçonnerie de l'égout, où bientôt il se trouva la tête au-dessus du niveau de l'eau et put respirer bruyamment et avec délices cet air fétide et tiède, qui circule dans le Paris souterrain.

Bernard avançait toujours en droite

ligne, et, à mesure, l'eau baissait, et bientôt il n'en eut plus que jusqu'à mi-jambe : c'était le niveau suprême de l'égout.

Alors il lui sembla qu'une imperceptible clarté, un rayon blafard tranchait sur l'obscurité de l'éloignement ; et il doubla le pas malgré la vase gluante où il s'enclouait à chaque instant, et les cris aigus et effrayés de cette innombrable population de rats qui a établi son quartier-général sous Paris.

Il ne s'était point encore trompé. Une bouffée d'air plus frais et plus pur que celui qu'il avait respiré jusque-là vint lui fouetter le visage, la lumière incertaine élargit son disque, et Bernard se trouva sous l'une des bouches que les égouts ont en pleine rue. Mais il était à une dizaine de pieds au moins de la porte de fer, — l'escalade était difficile, — et puis, soulever en plein jour cette porte, sortir comme de terre, au milieu de la population d'une rue... c'était se condamner à retourner en prison sur-le-champ.

Bernard était à jeun, de plus il avait les pieds dans l'eau, les rats rongeaient la tige et la semelle de ses bottes, l'air qu'il respirait était mélangé d'une sorte de gaz délétère qui tue à la longue ; — mais il eut le courage d'attendre et de s'asseoir sur une pierre récemment détachée de la voûte.

Il attendit une heure, il en attendit deux; il attendit enfin que le jour qu'il apercevait à travers les grilles de l'ouverture se fût éteint graduellement, et qu'à sa place lui vînt la lumière discrète des réverbères.

Alors, se cramponnant aux parois, les

ongles saignants, le front baigné de sueur, après des efforts inouïs, il parvint à atteindre les grilles de fer du *regard* (1), et écouta...

Le regard était percé dans une rue fréquentée, la foule y piétinait passant affairée ou rieuse.

Bernard songea qu'il était imprudent de sortir déjà, et il se laissa retomber dans l'égout.

Il attendit encore... il attendit longtemps, et toujours le bruit de la rue lui arrivait strident au fond de sa retraite souterraine ; et la faim et le froid, l'eau croupie et les rats rongeurs rendaient sa position de plus en plus intolérable...

— Cherchons une autre ouverture, se dit-il avec résignation.

---

(1) Ainsi nomme-t-on les orifices des égouts.

Il quitta la place où il se trouvait et se mit en marche, murmurant :

— Cette rue populeuse sous laquelle j'étais naguère doit être la rue Saint-Sébastien ; il faut que je prenne à droite... et puis à gauche... et puis tout droit... je doit arriver près de la rue Amelot. Bernard prit à droite, puis à gauche, puis tout droit, atteignit un *regard,* se hissa comme la première fois, regarda au travers des barreaux, aperçut un pâté de maisons enfumées, et retomba découragé en disant :

— Ce n'est pas là ; je ne me reconnais pas... cherchons encore...

Et il se remit en route. Mais plus il avançait, plus les regards étaient rares, plus l'eau devenait croupissante et grouillante et lui montait de la cheville au genou ; et, à mesure, Bernard perdait l'espoir, car le temps s'écoulait, le froid gagnait ses jambes et les engourdissait ; aucun bruit de la terre n'arrivait plus à ses oreilles, — et il marchait, marchait toujours au milieu de ces ténèbres affreuses, dans ces boyaux où la voix humaine, amortie par le repoussoir de la mare, se perdait sans écho ; et comme si le hasard, ce fouet de la Providence, s'en fût mêlé, il ne respirait plus par moments, comme naguère, cet air sec et vivifiant qui venait d'en haut par les orifices.

D'orifices, il n'y en avait plus.

Alors cet homme épargné par les balles arabes, ce soldat qui avait cent fois bravé et contemplé la mort sans que sa tempe se mouillât, sans que son cœur tressaillît, sans qu'un nuage voilât son regard, — cet homme, ce soldat, se prit à trembler... il eut peur... — et le délire le prit.

Car il n'est pas de bravoure trempée à la fumée du canon, à l'air enivrant des champs de bataille, qui ne pâlisse en face de cette mort obscure, ignorée, lugubre; mort que précède une horrible agonie, mort que ne suivront ni larmes, ni funérailles, ni regrets, ni souvenirs... L'oubli au fond d'un égout!

C'est-à-dire une mare infecte pour suaire, pour cercueil une voûte de pierres que vos cris de désespoir n'ébranleront point, — et, pour seuls témoins de ce trépas sans nom, des rats immondes qui commencent à vous ronger vivant et vous dévoreront encore tiède!

Bernard avait le délire. — Un moment il se prit à courir comme un forcené, jurant et priant, riant et pleurant à la fois, mêlant confusément les noms de son père, d'Aïcha, de Karnieuc, de Fleur-des-Genêts et de Kerbrie; puis soudain il s'arrêta, s'assit dans la mare et se prit a sangloter.

La fraîcheur du bain écarta les symptômes de la folie qui le gagnaient peu à peu; il revint à lui, réfléchit froidement à son atroce situation, et se dit :

— Il faut pourtant que je sorte d'ici... car Kerbrie m'attend, et Kerbrie ne doit point attendre.

Et alors, fouetté, vivifié par cette pensée, il se releva, se remit en route et chercha à s'orienter.

Cette fois, au bout de quelques pas, un furtif rayon brilla tout-à-coup; un *regard* placé sous un réverbère était à peu de distance.

Bernard était plus faible que naguère, mais la fièvre lui donnait une force factice et le hasard venait à son aide.

La grille de l'orifice était moins élevée,

les parois du mur plus resserrées, et semées cà et là de trous creusés à dessein pour placer le pied. Il parvint donc sans trop de peine à se hisser jusqu'au regard et plongea son œil dans la rue. La rue était déserte.

— Il s'établit carrément, les pieds dans le mur, le dos voûté, puis se servant de ses épaules commé d'un levier, il essaya de soulever la grille et la secoua à plusieurs reprises...

Vains efforts !

Il recommença, calcula sa pesée, se tordit comme Encelade voulant soulever la masse énorme qui l'étouffait... la grille semblait scellée avec des gonds d'airain, et il tomba épuisé, les épaules meurtries...

— Mon Dieu ! mon Dieu ! murmura-t-il, vous savez bien que je ne suis pas coupable, et que ma vie est nécessaire à Kerbrie, — me laisserez-vous donc mourir en ce lieu ?

Il achevait à peine, qu'une voix nasillarde, étrangement timbrée, traversant la nuit silencieuse, lui apporta un refrain fort en vogue alors sous les ombrages de certains bals publics, que nous ne nommerons pas.

Bernard étouffa un véritable cri de joie, et se trouva d'un bond au poste qu'il occupait peu auparavant :

— C'est la chanson du Blondin, dit-il, je suis près de la rue Amelot, et la maison est à deux pas. Je suis sauvé !

Et Bernard appuya deux doigts sur sa bouche et fit entendre ce coup de sifflet strident, et particulièrement noté, à l'aide duquel les chouans s'appelaient jadis dans le Bocage.

Le matin de ce jour, Pornic dormait encore profondément, fatigué qu'il était de l'expédition de la veille, lorsque le vieux Jean vint l'éveiller.

— Qu'est-ce que vous me voulez, père Jean? demanda-t-il.

Le père Jean pleurait, il raconta à Pornic ce qui s'était passé, celui-ci demeura ébahi, anéanti de ce qu'il apprenait.

Son brigadier accusé de vol! c'était de la folie et du délire!

Il courut à l'atelier, trouva Perrussin et lui demanda une explication.

— Mais, s'écria-t-il, à quelle heure qu'on vous a volé?

— Cette nuit.

— Cette nuit nous n'étions pas ici..

— Et où étiez vous?

Pornic vit qu'il s'enferrait et qu'il lui faudrait parler de l'expédition nocturne qui avait eu pour but de retrouver Aïcha, expédition dont les détails avaient parfois dépassé la stricte légalité.

—Suffit, dit-il, ça ne regarde personne. Mais vous avez beau me parler de l'histoire du baldaquin et du portefeuille qui était dedans, ça ne prouve rien... et bientôt... Enfin, suffit! je m'entends. Et Pornic jeta un regard torve au Blondin qui travaillait sans lever le nez.

— Ca n'empêche pas, dit Perrussin qui se lamentait, que je n'ai pas mon argent et que ce filou de Bernard...

— Patron, dit Pornic, vous vous souvenez du temps où nous mangions le pain de Kerbrie? Eh bien! vous savez que j'avais la poigne dure, à preuve que nous nous flanquâmes une volée assez propre, un soir dans le parc...

— Après?

— Après, patron? voilà : vous en fîtes une maladie de deux mois. Eh bien! si vous dites encore que mon brigadier est un filou, nous recommencerons ce petit jeu...

Et Pornic retroussa ses manches et serra les poings avec une simplicité terrible. Puis il lança un second regard de colère et de rage soupçonneuse au Blondin, quitta l'atelier et retourna consoler le vieux Jean et la petite Aïcha.

Mais Pornic avait son idée.

Quand Pornic avait une idée, — et c'était rare, — il la creusait, la recreusait, la tournait et la retournait longtemps dans son cerveau avant de la mettre à exécution; mais, quand il en arrivait là, l'exécution était aussi prompte, aussi rapide que la conception avait été lente et pénible. Le soir venu, Pornic quitta les

Pelao et grimpa dans sa mansarde. Là, il s'assit sur son lit, alluma une pipe, prit sa tête à deux mains et s'enfonça dans sa méditation : il creusait son idée.

---

Or, tandis que Pornic creusait, Pluton, le bel épagneul, couché sur les pieds de la petite Aïcha, souffrait de ses blessures sans se plaindre et attachait ses grands yeux brillants, qui perçaient l'obscurité, sur le visage doré de l'enfant endormie.

Puis il retournait parfois la tête vers le lit de Bernard, remarquait son absence et hurlait douloureusement.

Soudain, un coup de sifflet lointain lui fit dresser l'oreille ; ce coup de sifflet fut répété, et aussitôt Pluton s'élança hors du berceau, ouvrit la porte fermée au loquet avec son museau et disparut dans l'escalier.

La porte de l'allée restait ouverte jusqu'à minuit; Pluton arriva dans la rue, s'arrêta, huma l'air bruyamment, et fit quelques pas incertains. Le coup de sifflet se renouvela : le chien n'hésita plus et bondit en avant.

Guidé par son flair excellent, guidé par les coups de sifflet qui se se succédaient avec une sorte d'impatience, Pluton fit le tour de la maison, arriva dans une petite rue soumise à la rue Amelot, et s'arrêta une fois encore... Une fois encore il entendit un coup de sifflet ; mais c'était à deux pas, et il y répondit par un hurlement de joie. Le *regard* que Bernard essayait vainement de soulever était tout près.

Le chien flaira encore, tourna sur lui-même, hésita une seconde, puis, en deux bonds, se trouva sur la grille de l'égout, si bien que le prisonnier sentit sa respiration haletante lui arriver à travers les barreaux.

— Pluton ! s'écria Bernard, à moi, Pluton !

Le chien se reprit à hurler :

— Tais-toi, dit Bernard.

Le chien se tut, mais il se mit à gratter la grille avec fureur, la saisit avec les dents et essaya de l'ébranler.

— Pauvre Pluton, dit Bernard, va chercher Pornic, tu ne peux pas m'aider tout seul.

Le chien abandonna aussitôt le regard et disparut...

Bernard écouta, anxieux, son galop léger, puis, quand il se fut éteint dans l'éloignement, il se dit :

— Maintenant Kerbrie est sauvé !

Et, tout épuisé, tout mourant qu'il était, il se trouva si joyeux qu'il entonna en sourdine un refrain de bivouac qui, sortant de terre, eût frappé de terreur les passants... s'il y avait eu des passants !...

Mais la rue était déserte.

# A quoi sert un vieil uniforme.

## XXI.

Pornic creusait son idée et se serrait le front de plus en plus.

— Ce n'est pas encore cela, murmurait-il, mais je trouverai... oh ! je trouverai... Je ne suis pas assez malin... car, si je l'étais... enfin suffit ! je le deviendrai...

Pornic fut interrompu au milieu de son monologue par un léger bruit qui se fit à la porte.

— Qui va là ? demanda-t-il.

Personne ne répondit, mais le bruit augmenta.

— C'est comme qui dirait Pluton qui gratte à l'huis, fit le gars en allant ouvrir.

Et le gars avait raison : c'était en effet le bel épagneul qui piétinait d'impatience et sauta à l'entour de Pornic, aussitôt que la porte eut tourné sur ses gonds.

— Qu'est-ce que tu veux, Pluton ?

Pluton saisit Pornic par son pantalon et le tira vers le seuil.

— Ah ! çà ! mais tu me déchires ma culotte, drôle !

Pluton tirait toujours.

— Pour sûr, murmura Pornic, les

chiens ça a de l'instinct, comme qui dirait le vieux Stopp du château de Kerbrie qui geignait quand la mer était grosse, et qui... enfin suffit ! Les chiens, c'est de bonnes gens... je vas suivre Pluton. Le vieux Pelao est peut-être bien dans tous ses états.

Et Pornic suivit Pluton, lequel lâcha le pantalon et s'engouffra le premier dans les profondeurs de l'escalier.

Arrivé sur le carré des Pelao, Pornic mit la main sur la clé, mais Pluton ressaisit le pantalon de Pornic et descendit une marche.

— Ah ! çà, où donc que tu me mènes, chien ? demanda le gars breton.

Le chien continua à tirer sur la culotte.

— Bah ! fit Pornic, ça a de l'instinct, les chiens, à preuve que Pluton a trouvé la petite... suivons Pluton.

Le chien gagna la rue, l'homme le suivit, et, en quelques minutes, tous deux s'arrêtèrent sur le regard.

Alors Pluton hurla sourdement.

— Pornic ! dit une voix étouffée à dessein et qui venait de terre.

— Monsieur Bernard ! répondit Pornic avec un cri de joie... M. Bernard dans l'égout... en vl'à une sévère !... Et comment que vous êtes là ?

— Fais-moi sortir d'abord, je te le dirai plus tard.

Pornic retroussa ses manches, prit la grille de fer à deux mains et essaya de la soulever...

— C'est lourd, dit-il.

— Attends, répondit Bernard, je vais t'aider.

Bernard avec ses épaules, Pornic avec ses bras, combinèrent une secousse, soulevèrent la grille d'un côté; mais Bernard faiblissait, et la grille eût repris sa position première si Pornic n'eût glissé son pied en travers, le convertissant en levier.

— Aïe ! fit-il involontairement, comme c'est mince des bottes... Si j'avais seulement mes bons sabots de Bretagne qui auraient supporté une tour de Kerbrie... enfin, tant pis ! Hardi ! monsieur Bernard, recommençons.

Le second effort amena un plein résultat, la grille tourna sur elle-même et retomba lourdement sur le pavé, à côté du *regard* : l'orifice était libre. Pornic saisit Bernard sous l'aisselle, l'enleva comme une plume et le reposa sur le sol.

— Libre ! s'écria Bernard, libre ! je ne mourrai donc point cette fois encore, et je pourrai servir Kerbrie !

— M'est avis, mon brigadier, que vous dites la vérité vraie, dame!

Quand Pornic appelait Bernard *mon brigadier*, il était arrivé au paroxysme de l'enthousiasme.

— Gars, dit Bernard, il ne faut pas flâner ici. Quelle heure est-il?

— Dame! je ne sais pas au juste, mais il pourrait bien être trois heures du matin.

— Bien! dans une heure et demie, il sera jour. Tu vas aller à la maison et tu prendras le portrait et l'étui de fer-blanc.

— J'y cours.

— Attends, fit Bernard en refléchissant.

— J'attends, répondit Pornic en se plantant impassible devant son brigadier.

— Mon signalement est donné, continua Bernard, et je pourrais bien être arrêté dès ce matin. Il faut jouer la police.

— C'est facile.

— Nous verrons. Tout le monde dort chez nous, n'est-ce pas?

— Je le crois bien.

— On ne nous verra point entrer?

— Je ne crois pas.

— Alors, allons et dépêchons-nous.

Tous deux, suivis de Pluton, gagnèrent rapidement la maison du boulevard des Filles-du-Calvaire, montèrent à pas de loup et traversèrent la chambre du vieux Pelao sur la pointe du pied.

Ni le vieillard ni l'enfant ne s'éveillèrent. Bernard alluma une chandelle, ouvrit un bahut, en tira un uniforme complet de spahis, le revêtit sur-le-champ et dit :

— Voilà qui dépistera les mouchards. On n'arrête pas un soldat tout d'un coup, on réfléchit.

Pornic se munit de l'étui et du portrait.

Bernard prit ses pistolets, les chargea et les mit dans sa poche.

— J'en tuerai toujours deux avant qu'on m'arrête, fit-il, on peut bien risquer les galères pour Kerbrie.

— Pardine! répondit Pornic, et la corde aussi; quoiqu'un Breton ne mérite pas d'être pendu comme un marchand de bœufs du pays de Caux!

Ils se dirigèrent vers la porte.

— Reste, dit l'ex-spahis à Pluton qui s'apprêtait à les suivre, il faut bien que quelqu'un défende mon toit!

Pluton se coucha en travers de la porte et aiguisa ses dents blanches.

Bernard et Pornic descendirent à bas bruit; mais, si prompts qu'ils eussent été dans leurs préparatifs, les premières clartés de l'aube filtraient à travers le ciel ouvert de l'escalier, et tout en haut, penchée sur la rampe, il y avait une tête curieuse et sardonique qui reconnut Pornic et Bernard lui-même malgré son nouveau costume : — C'était le Blondin !

— Bon ! dit-il, les morts reviennent, même quand ils se noient.

Je vas aller chez monsieur le baron et j'aurai un billet de cinq cents en plus. Quelle crâne boutique je vas avoir ! Oh ! l'épicerie, — c'est ma vocation !

## Le spahis.

XXII.

Il était neuf heures du matin à peine, le ciel était sombre, l'air froid, quoique les premiers jours de mai fussent arrivés, — et dans l'aristocratique rue de Lille, les persiennes des hôtels étaient encore soigneusement fermées. On dormait à peu près partout.

Cependant madame de Willermez était levée et habillée déjà. Déjà elle s'était placée au coin de son feu, les pieds sur les chenets, un guéridon chargé d'un pupitre devant elle, et elle dépouillait une correspondance assez volumineuse.

Parmi les lettres qu'elle venait de décacheter, une surtout frappa son attention à un point tel qu'elle la relut une seconde fois. Voici cette lettre :

« Ange aimé,

» Le destin est contre moi. Dieu n'a point permis que je pusse mettre à vos pieds une fortune patrimoniale et un nom porté par de nobles aïeux. Cet homme qui vint me trouver avant-hier était un pauvre fou atteint d'une manie inconcevable : les promesses qu'il me fit,—mensonge! les espérances qu'il me donna,—dérision! rien, rien, rien!

» Je suis comme toujours, comme par le passé, le présent et l'avenir, sans doute, le fils adoptif d'une frégate, n'ayant d'autre nom qu'un nom de hasard, d'autre patrie que l'Océan, d'autre but dans la vie que vous !

» Mais vous me l'avez dit, Laurence, vous m'aimerez malgré cela, malgré tout ! vous m'aimerez parce que je grandirai tout seul et sans le secours de ce piédestal d'aïeux et de nobles souvenirs que le hasard accorde à ses favoris.

» Ainsi que je vous l'avais annoncé, j'ai quitté la rue Labruyère; je suis allé m'enterrer Petite-rue-du-Bac, dans un hôtel meublé ; j'y habite une mansarde... et là, pendant de longues heures nocturnes, je travaille à l'une de ces œuvres d'art, comme vous les comprenez.

» Quand ce sera fini, Laurence, j'irai vous voir. D'ici là, je préfère me priver de vous voir, ne plus m'enivrer du son de votre voix, ne plus respirer les parfums de votre haleine, renoncer à effleurer de mes lèvres les boucles ruisselantes de vos beaux cheveux... Je craindrais que ce rire infernal d'autrefois ne plissât votre bouche, je craindrais de douter... car je ne doute plus... Mais à toute heure, le jour et la nuit, vous serez là dans mon cœur et dans ma tête. Je n'aurai qu'à fermer les yeux pour vous revoir durant le jour : la nuit, vous serez cet ange qui nous apporte les bons rêves.

» Adieu, Laurence, ou mieux : A bientôt !

» GASTON. »

Quand madame de Willermez eut relu cette lettre, elle la froissa avec colère :

— Ainsi donc, dit-elle, tous mes efforts, tous mes calculs, mes soins et mes veilles, mon or et les savantes combinaisons de mon esprit n'ont produit qu'un seul résultat : rapprocher le père et le fils que je voulais séparer éternellement, les placer sous le même toit, les exposer à se reconnaître au premier jour... Vraiment, ajouta-t-elle avec un implacable sourire, cela me ferait croire à la Providence !

Madame de Willermez prit une deuxième lettre datée de la veille ; celle-là était sans signature et ne contenait que cette ligne :

« Bernard Pelao a retrouvé sa fille. »

— Encore un événement qui pouvait avoir des conséquences fatales... Heureusement les dernières nouvelles sont bonnes.

Madame de Willermez ouvrit une troisième lettre également de la veille, mais plus récente et partie avec la dernière levée ; elle était de la même écriture que la précédente, et ne contenait également que quelques mots :

« Bernard Pelao a été arrêté ce matin et provisoirement écroué chez le commissaire de police, d'où il est parvenu à s'échapper en sautant de la fenêtre dans le canal Saint-Martin. Heureusement la chute a été telle qu'il n'a point reparu et s'est noyé. »

— Enfin ! murmura la jeune femme,

j'en suis débarrassée... Il était temps !

— Mais, reprit-elle en frappant du pied avec impatience, pourquoi n'ai-je point vu la Carnaud hier ? Comment lui a-t-on repris l'enfant ? Pourquoi ne m'a-t-elle point encore apporté les papiers du chevalier ?... Oh ! je suis déplorablement servie, vraiment ! Monsieur de Maucroix est inerte, Karnieuc stupide, cette femme idiote... Je n'avais qu'un auxiliaire passable, ce Bachelet à mine de laquais, et je l'ai envoyé à deux cents lieues... là où peut-être le danger était le moindre... et encore, je n'ai pas de nouvelles de ce point !... C'est horrible !... Ces gens-là se conduisent comme des lauréats du prix Monthyon !.. Mon Dieu ! que ce valet que j'ai envoyé chez la Carnaud est lent à revenir ! il me semble...

Elle n'acheva pas, car la porte s'ouvrit et madame Théo entra dans le boudoir.

— Ah! fit madame de Willermez, c'est bien heureux...

— Madame m'a fait demander, et je me suis empressée...

— Je ne devrais pas être obligée de vous envoyer chercher. Pourquoi n'êtes-vous point venue hier et que s'est-il passé?

— Oh! dit madame Théo avec terreur, j'en ai encore le frisson.

Et elle raconta comment elle s'était rendue maîtresse de l'étui de fer-blanc, l'arrivée de Bernard et l'enlèvement d'Aïcha.

— Mais l'étui? Qu'avez-vous fait de l'étui? demanda madame de Willermez.

— Disparu.

— Disparu, l'étui ? vous êtes folle !

— Hélas ! non, madame.

— L'étui enlevé ?

— Oui, madame.

Madame de Willermez se dressa comme une vipère, l'œil terrible et l'écume à la bouche.

Si Gaston l'eût vue ainsi, certes il ne l'eût point trouvée belle.

— Et par qui ? s'écria-t-elle d'une voix stridente, par lui sans doute ?

— Hélas ! je le crois...

— Oh ! fit la jeune femme avec une fureur croissante, c'en est trop... c'en est trop en un jour !... Pourquoi donc n'êtes-vous pas venue ici tout de suite ?

— Parce que ma frayeur avait été telle que j'ai gardé le lit.

— C'est stupide ! J'enverrai pourrir votre mari au bagne. Et puis, reprit madame de Willermez, n'avez-vous pas un nouveau locataire?

— Oui, madame, depuis hier.

— Quel est-il?

— Un jeune homme pâle, brun, petites moustaches...

— Assez. Vous lui donnerez congé aujourd'hui même. Je le veux. Où l'avez-vous logé? Est-ce dans le mêmme bâtiment que le père Aucher?

— Non, madame.

— Se sont-ils vus?

— Non, madame.

— Mais, continua madame de Willermez, il me faut à tout prix cet étui... Bernard est mort, mais son père, Pornic... que sais-je? Retournez chez vous en courant et envoyez-moi votre mari; il me faut cet étui sur-le-champ.

Madame Théo disparut. Mais elle était

à peine sortie que le baron Karnieuc entra tout essoufflé et le visage blême et décomposé.

— Qu'est-ce encore ? demanda la jeune femme.

— Bernard n'est pas mort.

— Comment ! Bernard n'est pas mort ?

— Non, madame.

— Mais c'est impossible ! il n'a pas reparu hors de l'eau... mes émissaires n'ont point quitté le quai du canal de la journée.

— Cela est vrai, mais il n'est pas mort.

— Expliquez-vous alors ?

— J'ai reçu ce matin, il y a une heure peut-être, ce jeune ouvrier sculpteur qui nous sert et qui demeure dans la même maison.

— Le Blondin ?

— Oui.

— Eh bien ?

— Eh bien ! le Blondin a vu Pelao, il y a quelques heures. Il sortait de chez lui, et il avait un uniforme de spahis.

— Après ?

— Il était suivi de Pornic qui portait...

— Qui portait ? fit anxieusement madame de Willermez.

— Un étui en fer-blanc et un portrait.

— Et c'était à quelle heure ?

— A quatre heures du matin environ.

— Oh ! fit madame de Willermez, pourvu que Gaston n'ait pas laissé sa nouvelle adresse rue de Labruyère.

— Hein ? fit le baron.

— Rien. Vous êtes un sot.

— Mais, madame...

— Taisez-vous et obéissez.

— Que faut-il faire ?

— Il faut, — vous trouverez un moyen quelconque, — il faut que la police soit sur-le-champ instruite de tout cela... Il faut que Bernard soit arrêté de nouveau... Oh ! pourvu qu'il ne soit pas trop tard...

Comme elle achevait, le noir qui remplissait chez elle les fonctions de valet de chambre entra :

— Qu'est-ce ? que me voulez-vous ? demanda-t-elle avec impatience.

— C'est un homme qui demande à parler à madame...

— Quel est cet homme ?

— Un militaire.

— Que me veut-il ?

— Je ne sais. Mais il insiste pour entrer et dit qu'il attendra madame si madame n'est pas visible...

— Vous a-t-il dit son nom ?

— Oui, madame ; il se nomme Bernard Pelao.

Le reste de sang-froid qu'avait conservé madame de Willermez disparut à ce nom fatal, — elle se laissa aller tremblante et pâle dans sa chauffeuse et murmura en crispant ses belles mains :

— Cet homme est un démon !... Tout est perdu !

Si madame de Willermez ne put dompter son émotion et dissimuler sa pâleur convulsive à l'annonce de la visite si peu attendue de Bernard Pelao, — M. le baron Karnieuc ne fut pas, lui aussi, plus maître de son trouble, et nous dirons même de sa terreur. Car, tout baron et banquier qu'il pût être, quoiqu'il eût une voiture et des gens, qu'il fît sculpter comme sien un écusson de fantaisie et parlât quelquefois de ses pères les gentilshommes du temps jadis, l'ex-intendant de la baronne centenaire n'en avait pas moins, au travers de ses métamorphoses successives, conservé une excellente mémoire, — laquelle lui disait qu'à Kerbrie, vingt ans auparavant, il avait toujours professé un respect mêlé de crainte pour les robustes poings du jeune garde-chasse.

M. le baron, à ce nom fatal de Bernard Pelao, devint tout tremblant et chercha des yeux un coin, un angle, une armoire, un lieu quelconque enfin où il pût se cacher. Malheureusement le boudoir était parfaitement éclairé, et il est probable que le pusillanime banquier n'aurait pu parvenir à disparaître aisément, si madame de Willermez, mue d'une inspiration soudaine, ne fût aussitôt venue à son aide :

— Cet homme vous connaît, n'est-ce pas? demanda-t-elle rapidement.

— Oui, madame.

— Il ne faut pas qu'il vous voie ici ; tenez, ajouta-t-elle en ouvrant un cabinet, passez par là, vous trouverez une seconde porte, qui ouvre sur un escalier de service, et vous partirez sur-le-champ. Vous vous rendrez aussitôt chez le commissaire de police du quartier, et vous l'avertirez que le nommé Bernard Pelao, accusé de vol et évadé depuis hier, se trouve chez moi. C'est une dernière ressource, profitons-en.

Maître Karnieuc obéit et disparut.

Alors madame de Willermez sonna.

— Faites entrer, dit-elle, le militaire qui désire me parler.

Chez une femme de cette trempe, les

émotions étaient courtes : elle fut remise de son trouble en un clin d'œil ; sa pâleur fit place soudain à de belles couleurs rosées ; son front plissé un moment redevint blanc et uni ; le sourire reparut sur ses lèvres crispées ; son œil, hagard naguère, se voila subitement d'une mélancolie charmante, et elle se pelotonna dans sa chauffeuse, avec une grâce nonchalante, murmurant :

— La fortune me jette le gant, relevons-le. Les situations désespérées sont parfois les plus faciles à changer de fond en comble.

Comme elle achevait, la porte s'ouvrit, et Bernard entra.

Or, comment Bernard pouvait-il venir chez madame de Willermez? C'est ce qui nécessite une explication et un pas en arrière.

En sortant de chez eux, Bernard et Pornic gagnèrent les bords du canal et s'en allèrent, à grands pas d'abord, pour quitter le quartier plus vite, puis lentement et comme un vrai soldat en goguette et un pékin, son pays, qui viennent de manger des huîtres à la halle, et vont, de là, déjeuner à Asnières, en partant à cinq heures du matin.

Quand ils se trouvèrent dans le quartier Bréda, c'est-à-dire tout près du domicile de Gaston, ils entrèrent dans un café et attendirent que huit heures du matin eussent sonné à Notre-Dame-de-Lorette.

Alors ils se dirigèrent vers la maison de Gaston, entrèrent d'un pas délibéré et passèrent rapidement devant le concierge, qui ne les aperçut même pas. Et ce fut heureux, car Bernard ignorait sous quel nom le fils de Kerbrie vivait à Paris, et il eût été fort embarrassé de répondre à cette question :

— Chez qui allez-vous ?

Mais cet écueil évité, — nous disons écueil à dessein, car Dieu sait si Charybde et Scylla n'étaient pas eau de rose auprès d'une loge de portier, — cet écueil évité, disons-nous, ils arrivèrent sans encombre au quatrième étage, et Bernard sonna ré-résolûment.

La porte fut longtemps à s'ouvrir, puis enfin le groom de Gaston parut, à moitié habillé, étirant les bras et bâillant encore de sommeil.

— Que demandez-vous ? fit-il d'assez mauvaise humeur.

— Parbleu ! répondit Bernard sur le même ton et avec hauteur, nous demandons votre maître.

— Mon maître est absent.

— Eh bien! nous allons l'attendre.

— En ce cas vous l'attendrez longtemps; il est en Suisse et ne reviendra que dans trois mois.

— Vous dites?... fit Bernard attéré et balbutiant.

— Je dis que M. Gaston est parti hier matin et ne reviendra que dans trois mois...

— Trois mois! murmura Bernard la sueur au front : il serait trop tard...

— Où donc que c'est ça, la Suisse? demanda Pornic.

— A Genève, répondit le groom.

Bernard réfléchit un moment :

— Gars, dit-il soudain à Pornic, j'ai une centaine de francs en réserve; nous irons à pied et ça nous suffira. Il faut partir sur-le-champ.

— Mais, dit le groom, c'est donc bien

important ce que vous avez à dire à mon maître?

— Il y va de près de cinq cent mille livres de rentes, peut-être plus...

Le groom recula abasourdi, puis il se gratta l'oreille :

— Dame! fit-il, c'est que M. Gaston ne m'a pas laissé son adresse.

Cette fois Bernard chancela :

— C'est impossible! s'écria-t-il, tu mens!

— Parole! répondit le jeune valet.

— Mais il faut pourtant que je le trouve... ou bien... Oh! mon Dieu! mon Dieu! pourquoi jetez-vous toujours un obstacle entre ce malheureux enfant et votre justice divine?

— Écoutez, dit le groom, puisque c'est comme ça, je vais vous donner un moyen...

— Parle, mon fils, parle vite! s'écria le spahis avec feu.

— Il y a à Paris une grande dame que M. Gaston... enfin je m'entends.

— Suffit! murmura Pornic en clignant de l'œil, c'est comme qui dirait sa bonne amie.

— Peut-être, dit le groom; M. Gaston m'a dit en partant que s'il venait quelque chose de trop important, j'envoie la personne chez elle.

— Donne-moi vite son adresse.

— Rue de Lille, 160, madame la baronne de Willermez.

— Et elle me donnera la sienne?

— Probablement.

— Alors, dit Bernard, en route!

Et, tout pauvre qu'il était, le brave garçon tira cent sous de sa poche et les donna au groom, — lequel les prit et salua jusqu'à terre en disant :

— Merci, mon officier.

— Je ne suis pas officier, répondit Bernard, mais je le serais maintenant si...

Il s'arrêta et dit :

— Filons!

Ils coururent rue de Lille et, arrivés à la porte de l'hôtel Willermez, le spahis dit à Pornic :

— Reste ici avec le portrait et l'étui. Il ne faut pas plaisanter avec la fortune de Kerbrie et je ne remettrai tout cela qu'en mains propres.

— Suffit! mon brigadier, répondit Pornic, vous pouvez monter.

— Surtout, fais le guet.

— Soyez tranquille.

Et Bernard entra et se fit annoncer.

**Duel.**

## XXIV.

Bernard, nos lecteurs le savent, était plus à l'aise sur un champ de bataille que dans un salon : jamais peut-être, s'il eût été en redingote, il n'eût osé mettre le pied dans ce coquet et voluptueux boudoir tendu de velours, couvert de tapis moelleux, étincelant de dorures; mais il portait son vieil uniforme, il était à l'aise sous ce costume; — en traversant une enfilade de salles il s'apercut plusieurs fois dans une glace, se trouva convenable avec son burnous blanc rejeté sur l'épaule et sa figure brune aux grandes moustaches : cela l'enhardit, — et il entra d'un pas délibéré dans le boudoir et salua sans gaucherie madame de Willermez.

Celle-ci répondit à son salut par un charmant sourire, lui indiqua un siége près d'elle et sembla attendre qu'il lui fît connaître le but de sa visite.

Bernard était fort calme, aucune ride de mauvais augure ne plissait son front. Madame de Willermez se rassura.

— Madame, dit le spahis, je ne suis qu'un soldat; avant d'être soldat, j'étais paysan, — j'ignore donc les usages du monde où vous vivez, et je vous demande pardon d'avance si j'y manque involontairement.

— Mon Dieu ! monsieur, répondit madame de Willermez, vous vous présentez sous un costume auquel on n'a rien à pardonner. Que désirez-vous de moi ? je suis toute à vous.

— Vous connaissez M. Gaston ?

La jeune femme amena sur sa joue une charmante couleur incarnat :

— Un peu, dit-elle.

— Bon ! pensa Bernard, c'est sa maîtresse, je peux me risquer.

— Et, reprit-il tout haut, excusez-moi, madame, de cette question indiscrète, lui portez-vous quelque intérêt ?

— Monsieur, répondit madame de Willermez en rougissant plus encore, je serai franche avec un militaire : je suis veuve depuis près de quatre ans, et M. Gaston doit m'épouser l'automne prochain.

— Oh! dit Bernard, alors je puis vous parler à cœur ouvert.

— Parlez, fit madame de Willermez avec un suave et mélancolique sourire; depuis longtemps déjà lui et moi ne faisons qu'un.

— Eh bien! dans ce cas, madame, vous devez connaître sa famille?

— Hélas! non, fit ingénument la jeune femme; il ne la connaît pas lui-même. Le pauvre enfant avait quatre ou cinq ans quand il s'embarqua aux Indes, où il était né, pour la France; il était avec son père, sa mère et une jeune sœur. Le navire qui les portait fit naufrage; équipage et passagers périrent : lui seul fut sauvé par une frégate qu'un hasard providentiel amena sur le théâtre du sinistre. Il était trop jeune pour savoir le nom de sa famille, et il ne l'a jamais su depuis...

— Eh bien! fit Bernard, je le sais, moi.

— Vous, fit madame de Willermez en jouant la surprise. Vous?

— Oui, madame.

— Oh! s'écria-t-elle impétueusement, ce serait une joie...

— Et c'est un beau nom, allez, fit Bernard; un nom de gentilhomme breton ennobli à coups d'épée.

— Vraiment!

— Et même qu'au bout il y a une grande fortune, quelque chose comme cinq cent mille francs de rentes.

Madame de Willermez se renversa suffoquée.

— C'est impossible! murmura-t-elle

d'une voix entrecoupée, ce serait trop de bonheur, et vous vous moquez de moi.

Bernard posa la main sur sa poitrine.

— Sur mon honneur de soldat, sur la croix que j'ai gagnée à l'assaut de Constantine, je vous jure, madame, que je dis la vérité.

La jeune femme fondit en larmes :

— Pauvre Gaston, murmura-t-elle, lui qui se croyait déshérité du ciel et se reprochait de n'avoir à m'offrir qu'un nom de hasard... Oh! pourquoi est-il parti?

— Oui, dit Bernard, il est parti, et voilà pourquoi je suis venu.

— Il est sur la route de Suisse depuis hier matin, fit madame de Willermez en essuyant ses larmes, mais il reviendra... et puis nous lui écrirons...

— Lui écrire? dit Bernard, ce n'est

pas assez, il faut que j'aille, que je lui porte ses titres, ses papiers...

— Mais, dit avec une candeur mêlée de curiosité madame de Willermez, comment ces papiers sont-ils en votre possession?

— Un hasard étrange les a mis sous ma main.

— Mais où étaient-ils?

— Dans une maison de la rue du Bac.

— Et qui vous prouve que ces papiers...

— Oh! dit Bernard, je n'ai pas des probabilités, j'ai des certitudes. Mais il faut se hâter, il faut me dire, madame, où je trouverai M. Gaston, car le terme approche...

— Quel terme?

— Celui de l'ouverture du testament de madame de Kerbrie.

— Qu'est-ce que madame de Kerbrie?

— La grand'mère de M. Gaston.

— Excusez-moi, fit la jeune femme, mais je ne sais rien de tout cela, et si vous vouliez m'expliquer...

Bernard ne la fit point répéter ; il lui conta l'histoire du chevalier de Kerbrie, le testament de la baronne, les hallucinations de son vieux père, ses efforts pour retrouver l'héritier de ses maîtres, puis sa visite à Gaston, les efforts présumés des collatéraux à se débarrasser de lui, l'enlèvement d'Aïcha, le vol du portrait, tout, hormis l'accusation de vol portée contre lui ; car l'honnête breton rougissait de honte à cette pensée.

Et madame de Willermez l'écoutait souriante et les larmes aux yeux, et, lorsqu'il eut fini, elle lui prit les mains et les pressa avec effusion.

— Écoutez, lui dit-elle, je ne sais pas au juste où Gaston s'arrêtera en Suisse; il doit m'écrire; mais nous n'avons pas le temps d'attendre sa lettre, il faut partir sur-le-champ.

— Mais comment le trouver?

— Nous le trouverons. Je vais envoyer demander un passeport et des chevaux de poste; allez faire vos préparatifs de départ; vous monterez dans ma voiture et ce soir nous roulerons sur la route de Genève.

— Oh! s'écria Bernard en se précipitant aux genoux de la jeune femme, vous êtes un ange et Dieu vous bénira!

— C'est pour lui... murmura-t-elle avec une suave expression de bonheur.

Mais soudain la porte s'ouvrit brusquement, et Pornic entra pâle et effaré:

— Sauvez-vous, mon brigadier! s'écria-il, sauvez-vous!

— Qu'est-ce donc? fit Bernard.

— La police! répondit Pornic.

Madame de Willermez poussa un cri de terreur :

— La police chez moi! s'écria-t-elle ; et pourquoi faire?

— Pour m'arrêter, répondit Bernard.

— Vous? exclama madame de Willermez.

— Oui, madame.

— Mais qu'avez-vous donc fait?

— Rien; mais je suis accusé de vol! fit-il pâle de honte.

— Accusé de vol! vous?... C'est impossible!

— Hélas! si, madame. Quand ils m'ont eu enlevé mon enfant, ils ont pensé que, mon enfant retrouvée, je me remettrais à l'œuvre pour rendre à Kerbrie sa fortune; et alors....

Oh ! continua-t-il en joignant les mains, vous ne le croyez pas, au moins... vous ne me croyez pas coupable ?...

— Moi vous croire coupable ? oh ! monsieur ! fit la jeune femme avec un accent de reproche. Mais il faut vous sauver... partir... mon Dieu ! mon Dieu !

Et madame de Willermez courait éperdue dans le boudoir, cherchant une issue pour faire évader le proscrit et n'ayant garde de la trouver.

Quant à Bernard, il venait de tirer de sa poche ses pistolets et il les armait froidement.

Soudain madame de Willermez s'arrêta et vint à lui.

— Monsieur, lui dit-elle, croyez-vous que j'aime Gaston ?

— Oh ! dit Bernard, si je le crois !

— Voulez-vous écouter un conseil ?

— Parlez, madame.

— Eh bien ! la fuite implique la culpabilité. Si vous fuyez on ne vous croira point innocent.

— Mais si l'on m'arrête, que pourrai-je faire pour Kerbrie ?

— Mon mari était lieutenant-général, je suis riche, j'ai des amis influents, j'ai toute puissance sur le ministre et je ne demande que vingt-quatre heures pour vous rendre libre et vous laver de tout soupçon. Oh ! vous avez bien fait de venir ici, car nous serons forts désormais.

Bernard regarda madame de Willermez en face, vit ses yeux gonflés de larmes, et n'hésita point. Il posa ses pistolets sur le velours de la cheminée, et dit :

— Vous avez raison, madame, et je me fie à vous.

— A moi comme à lui, répondit-elle.

Vous êtes un grand et noble cœur, et je ferai pâlir vos ennemis.

— Mais ce portrait, ces titres? fit Bernard.

— Donnez-les-moi. Je les garderai. Ils seront plus en sûreté chez la future madame de Kerbrie que partout ailleurs.

Et, souriante au travers de son émotion, elle prit l'étui et le cadre des mains de Pornic et les serra soigneusement dans une armoire.

Mais l'armoire n'était point refermée que le noir à cheveux blancs entra, et put voir le lieu où madame de Willermez plaçait portrait et papiers.

— Madame, dit-il, je ne sais ce que cela veut dire, mais il y a des soldats dans la cour et un commissaire de police dans le salon.

— Faites entrer le commissaire, répondit avec calme madame de Willermez.

Le commissaire fut introduit, s'excusa de sa visite et dit à Bernard :

— Pour éviter tout scandale, monsieur, veuillez me suivre.

— Allez, Bernard, dit la jeune femme, et soyez sans crainte, bientôt vous aurez de mes nouvelles.

— Faites-moi libre, murmura Bernard, car il a besoin de moi !

— Vous le serez... et bientôt.

Et elle lui tendit sa belle main qu'il baisa.

— Pornic, dit Bernard, retourne à la maison et prends soin de mon père et de la petite.

— Soyez tranquille, monsieur Bernard, répondit Pornic ému jusqu'aux larmes. Puis il ajouta :

— Et dire qu'on emmène comme un

voleur un brigadier du deuxième spahis... Oh !...

Puis il salua la jeune femme et s'en alla en murmurant :

— C'est égal, j'ai mon idée, et si elle ne réussit pas, la dame, je trouverai... oh ! je trouverai.

Bernard baisa une dernière fois la main de madame de Willermez et se tourna vers le commissaire.

— Je suis à vos ordres, monsieur, mais, pour l'honneur de l'uniforme français que je porte en ce moment, ne me faites pas traîner à pied au mileu des agents de police.

— Je vais envoyer chercher un fiacre, répondit le commissaire.

Ils descendirent et stationnèrent un moment sous la porte cochère ; — puis le fiacre arriva. Ils y étaient installés à peine et prêts à partir, lorsqu'une autre voiture de place s'arrêta devant l'hôtel. Un homme en habit de voyage, une valise sous le bras, en descendit, — jeta un regard distrait sur les soldats et les agents, puis entra dans le vestibule.

Mais Bernard avait eu le temps de voir son visage et il s'écria :

— Bachelet ! Bachelet ici ?

Et soudain une grande lumière se fit dans son esprit et il murmura :

— Oh ! puisqu'il vient ici, je suis joué et Kerbrie est perdu !

Monsieur, continua-t-il avec un accent déchirant, par pitié, par grâce, au nom de Dieu et des saints, au nom de votre mère si vous l'avez encore, accordez-moi une minute, une seule, laissez-moi remonter... venez avec moi si vous vous défiez... mais laissez-moi remonter...

Et il s'agenouillait presque et joignait les mains.

— C'est impossible ! répondit durement le commissaire ; mes moments sont comptés !

— Pornic ! Pornic ! hurla Bernard avec rage en essayant d'échapper aux mains du commissaire et de ses agents.

Mais Pornic était loin déjà et il n'entendit pas !

# Le vieil Aubry.

## XXV.

Laissons Bernard Pelao aller en prison, madame de Willermez s'applaudir de son habileté et serrer précieusement les papiers et les titres du chevalier de Kerbrie. Retournons à Marseille, dans cette petite villa du golfe Saint-Henri où nous avons conduit nos lecteurs aux premières pages de cette histoire, et que nous avons quittée au moment où l'ordre de départ arrivé du ministère et la rechute de la pauvre folle plongeaient la famille Aubry dans la consternation et la stupeur.

Marc était parti, la tristesse était venue s'asseoir au foyer de la famille, et cet excellent M. Claude-Anastase-Xénophon de Bachelet trouvait son existence champêtre maussade au point de s'écrier *in petto :*

— Tous ces braves gens sont tristes comme des bonnets de nuit.

L'expression était triviale sans doute, mais il la trouvait énergique et même spirituelle.

Louise ne quittait plus sa mère, elles allaient toutes deux s'asseoir à la vesprée sur les falaises, et là, tandis que la malheureuse insensée murmurait son éternel refrain créole, — elle suivait d'un œil gonflé de larmes les voiles qui couraient des bordées à l'horizon.

Elle les suivait longtemps, elle attendait que l'horizon se fût refermé sur elles, et alors, quand plus rien n'apparaissait à ce point extrême où le bleu du ciel et le bleu des flots se confondent en un long baiser, — alors ses larmes retenues s'échappaient et perlaient silencieuses au bord de ses cils : — les voiles blanches avaient disparu comme la frégate de Marc; la mer avait repris son bien.

Quant au vieil Aubry, sa tristesse avait duré quelques heures, — puis, comme un vieux loup de mer ne peut s'affliger longtemps du départ d'un marin et se console aisément de ces sortes de séparations, — il avait repris ses habitudes, son jardin qu'il soignait avec une sollicitude d'amant, — — ses fourneaux, son alambic et ses fioles, — car en dehors de sa passion d'horticulteur, il avait encore celle de chimiste. Dans ses courses à travers le monde, dans ses stations diverses sur les plages indiennes ou américaines, l'ancien capitaine de navire avait toujours étudié la botanique, puis, des plantes, ses investigations s'étaient portées sur les minéraux, — et il s'était enfin occupé de chimie. Cette science avait eu bientôt pour lui d'irrésistibles attraits, — il s'était peu à peu créé un laboratoire et s'était choisi au fond du jardin un petit pavillon isolé, au premier étage duquel il avait établi ses cornues.

Quand Marc était près de lui, le vieil Aubry négligeait la chimie pour causer mer et combats; quand Marc était parti il retournait à son laboratoire et y passait une partie de sa journée, se livrant à de patientes recherches et appliquant ses études à des découvertes industrielles.

Restait M. Bachelet, qui, ne regrettant personne et n'ayant aucun goût pour la chimie, avait, en apparence, une vie bien oisive, — mais il savait l'utiliser. Ce coquin doucereux, ce fripon benin et madré, avait, en surplus des passions mauvaises qu'il possédait toutes, une passion honnête et modérée comme en éprouvent seuls les bonnetiers du quartier Montmartre, excellents pères de famille, gens scrupuleux sur la morale, bons gardes nationaux et de tout temps électeurs : — il adorait la pêche !

Lorsqu'il était à Paris et qu'il n'avait rien à faire, maître Bachelet allait s'asseoir sous le Pont-Royal, une ligne à la main; l'été il poussait jusqu'à Asnières et quelquefois même jusqu'à Saint-Cloud.

Alors, tandis que *ça mordait*, l'excellent homme machinait quelque charmante friponnerie à l'abri de la loi, et rêvait, non sans quelques délices, aux heureuses circonstances qui l'avaient fait acquitter en cour d'assises.

Marc parti, la mère de Louise retombée dans son état de folie habituelle, la colère du vieil Aubry apaisée, Bachelet s'était dit:

— Il n'y a plus rien à craindre de quelques jours. Flânons. Il y a des lignes ici, du poisson de mer qui vaut mieux que les goujons de Seine, bonne table, bon logis et un bon air... restons ici et amusons-nous.

Coquin naïf! il appelait la pêche à la ligne un amusement.

Puis, comme malgré des goûts aussi simples, M. de Bachelet avait encore celui des voyages qui ne fatiguent pas, il enfourchait le cheval d'Aubry et allait faire un tour dans les environs.

M. de Bachelet était, en équitation, de la force d'un garde national à cheval parisien, mais il s'aveuglait lui-même par une réplique pleine d'à-propos :

— Je monte à l'anglaise, se disait-il.

*Monter à l'anglaise* est le *prenez mon ours* de tous les gens qui ne montent pas du tout et sèment petit à petit leurs membres fracturés dans les allées du bois de Boulogne.

Or, un matin, quatre jours après le départ de Marc, le vaillant écuyer à l'anglaise, après une course de deux ou trois heures, pendant lesquelles la crinière de son cheval avait failli plusieurs fois lui venir à la main, le vaillant écuyer, disons-nous, s'en retournait par le petit chemin creux et bordé de touffes d'immortelles et de grands pins panachés qui conduisait à la villa. Il était onze heures environ, et son estomac battait la retraite.

Cependant il n'allait qu'au pas, et rêvait avec une mélancolie qu'un poète eût enviée, fouettant les haies fleuries du bout de sa cravache, aspirant à pleines narines le dernier souffle de la brise; et, malgré cette mélancolie, son allure paisible et ses distractions, faisant le calcul suivant :

— Six cent cinquante-sept francs de rente capitalisés doublent en vingt ans, ce qui fait treize cent quatorze francs, plus les intérêts des intérêts, ce qui peut monter environ à...

Et maître Bachelet chercha. Mais, avant qu'il eût trouvé, sans doute, le trot d'un cheval retentit dans le chemin creux, et il se trouva face à face avec don P..... le docteur espagnol, qui continuait ses soins à la folle et revenait en ce moment de la villa.

Le docteur était radieux et un sourire inaccoutumé de satisfaction glissait sur ses lèvres.

Ce sourire alla au cœur de Bachelet. Nous ne savons trop, cependant, si maître Bachelet avait réellement un cœur; mais, à coup sûr, sa poitrine ou sa tête renfermaient quelque chose qui vibrait au contact d'une émotion imprévue.

Le docteur connaissait à peine le faux oncle de Bouglais-Coquentin; il lui adressa donc un salut silencieux et passa outre; mais ce salut acheva de chatouiller le quelque chose de maître Bachelet; la sueur lui vint au front; il pressa instinctivement le pas de sa monture, et peu après, prit le galop. Au seuil de la villa, il trouva le vieil Aubry et Louise.

Louise était souriante ; le vieil Aubry chantonnait entre ses dents ce vieux refrain de mer :

> Sur le gaillard d'avant,
> Qu'on verse à boire !

ce qui était chez lui une marque certaine de joie.

— Hum ! pensa Bachelet dont l'anxiété redoublait, il y a du nouveau ici ?

Et il mit pied à terre et le chapeau à la main.

— Oh ! venez, venez, monsieur, s'écria Louise, venez partager le bonheur qui nous arrive et tempérer la douleur que nous ressentions du départ de mon mari.

Bachelet pâlit ; mais, se remettant, il salua de nouveau et dit avec aplomb :

— Je serai heureux de m'associer...

— Oh! continua Louise, si vous saviez...

— Mais, fit Bachelet, dont l'anxiété passait à l'état de terreur, si vous daigniez bien m'apprendre ?...

— Tiens, s'écria Louise, suis-je étourdie ! la joie me trouble la tête, je croyais vous l'avoir déjà dit.

— Non, murmura Bachelet les tempes glacées de sueur.

— Ma mère n'est plus folle !

— Votre mère n'est plus folle ! hurla presque le Bas-Normand avec un accent sauvage auquel ni Louise ni le vieil Aubry ne prirent garde.

— Non, monsieur.

Ce pauvre M. de Bachelet faillit se trouver mal.

— Oh ! poursuivit Louise, c'est toute une histoire, presque un roman... Figurez-vous...

Elle n'acheva pas, Bachelet chancelait.

— Mon Dieu ! s'écria-t-elle, qu'avez-vous donc, monsieur ?

— Rien, répondit-il d'une voix faible, j'ai les nerfs et le cœur excessivement sensibles, et la joie que vous ressentez m'en cause une si grande...

— Excellent homme, murmura le vieil Aubry en lui tendant expansivement la main.

— Continuez, continuez, madame, fit l'excellent homme en revenant graduellement de son étrange émotion, je vous écoute... et je suis pressé d'apprendre...

— Imaginez-vous donc, reprit la jeune femme que, ce matin, je dormais encore quand ma mère est entrée dans ma chambre et est venue m'éveiller. Contre son ordinaire elle ne chantait pas, son œil était doux et triste. Elle m'a prise silencieusement dans ses bras, m'a tenue longtemps sur son cœur, et puis elle a pleuré, mais pleuré de bonnes et chaudes larmes qui n'étaient plus celles de la folie.

— Et... demanda maître Bachelet avec une impatience mal déguisée, vous a-t-elle parlé?...

— Oh! oui... elle m'a parlé et longtemps...

Le Bas-Normand chancela de nouveau.

— Elle m'a dit : Tu es mon enfant, mon enfant adorée... Je te reconnais maintenant, je me souviens... et je ne suis plus folle !

Et, toute joyeuse, je me suis levée, j'ai appelé mon père, et il est venu. Alors elle lui a dit :

— Je vous reconnais bien ; vous êtes celui qui nous a sauvées, moi et mon enfant, des mains des noirs... mais lui, vous savez, LUI, où est-il?

— Il est parti, avons-nous répondu, mais il reviendra.

Et alors elle nous a raconté beaucoup de choses, elle nous a parlé de mon père, de mon frère, de l'Inde, où je suis née...

— Et vous a-t-elle dit, demanda Bachelet, dont le visage était plus blanc que les blanches murailles de la villa, vous a-t-elle dit ce nom que vous cherchez depuis si longtemps ?

— Non, pas encore, dit Louise.

Le Bas-Normand respira avec bruit et comme eût respiré Encelade si les dieux de l'Olympe eussent délivré sa poitrine de cette montagne qui l'étouffait.

— Non, fit Louise, le docteur est arrivé, ma mère lui a tendu la main et lui a dit : Je ne suis plus folle, croyez-moi, mais j'ai les idées confuses encore ; tant de choses se heurtent dans ma tête, que j'ai besoin d'être seule, de songer, de me souvenir... Ce coup de pistolet m'a ébranlé le cerveau, j'ai cru qu'il me brisait le crâne...

— Oh! murmura hypocritement Bachelet, cette maladresse de ma part eût été pour moi un remords perpétuel...

— Heureusement, dit le vieil Aubry avec une cordiale brusquerie, le mal est réparé et je puis bien vous l'avouer maintenant, je vous en voulais!

— Pardonnez-moi, répondit le Bas-Normand, en pressant la main du vieillard. Je suis un maladroit, mais j'ai bon cœur.

— Le docteur, poursuivit Louise, a prescrit du repos à ma mère. Elle ne doit voir personne de la journée, et cette nuit nous la veillerons à tour de rôle, mon père et moi.

— Si j'osais vous offrir mes services... hasarda l'homme au bon cœur.

— Oh ! monsieur... fit discrètement Louise.

— Accepté ! dit gaîment le vieil Aubry. Ma foi ! mon cher hôte, j'en use sans façons avez-vous, et tenez, il faut qu'après déjeuner je vous quitte presque sur-le-champ.

— Est-ce que vous allez à Marseille ?

— Non pas ; mais j'ai une grande expérience à faire dans mon laboratoire, je crois avoir trouvé un nouveau sel, et vous comprenez...

— Dame ! s'écria Bachelet, je serai franc, monsieur, j'ai toujours eu une curiosité invincible pour ces sortes de choses...

— A merveille ! nous nous enfermerons ensemble et vous verrez tout à loisir...

— C'est entendu.

— En attendant, dit Louise, allons déjeuner.

Ce digne monsieur de Bachelet, un peu remis de sa panique, offrit le bras à la jeune femme :

— Vraiment, lui demanda-t-il en gagnant la salle à manger, un repos absolu est prescrit à madame votre mère ?

— Absolu, c'est le mot, et surtout silencieux.

— Et... cela doit-il se prolonger?...

— Jusqu'à demain... à moins que cette nuit elle ne s'éveille...

— Demain, pensa Bachelet, c'est long... et d'ici là... Un sourire qu'eût envié madame de Willermez acheva sa pensée.

## Le laboratoire.

## XXVI.

L'hôte de la villa déjeuna peu et rêva beaucoup. Décidément, le respectable touriste était poète ou mathématicien. Il n'y a que ces gens-là qui rêvent. Le déjeuner fini, il suivit le vieil Aubry au laboratoire.

— Tenez, dit le chimiste, avant de commencer, il faut que je vous montre mes richesses. J'ai là, dans cette serre, une admirable collection de plantes vénéneuses que j'ai rapportées de l'Inde. Voici d'abord le *nupha*, cette herbe à feuille triangulaire dont le suc, exprimé à l'aide d'un pressoir, sert à tremper une flèche et la rend mortelle. Voilà ensuite, — voyez-vous ce petit arbre rabougri, — voilà le *mancenillier*, dont le fruit, assez semblable à une pomme, tue en quelques heures.

— Je me suis laissé dire, interrompit Bachelet, que le tabac était un poison, et qu'un prince, je ne sais plus lequel, versa le contenu de sa tabatière dans le verre d'un poëte.

— C'est l'histoire du prince de Condé et de Santeuil; mais elle est fausse.

— Comment cela ?

— Le tabac renferme réellement une essence vénéneuse ; mais cette essence est en si faible quantité, qu'il faut près de trois cents kilogrammes de tabac pour en obtenir un litre. Il est donc impossible qu'une ou deux pincées de tabac en poudre aient pu tuer un homme. Le seul résultat fâcheux qu'ait le tabac pris en trop forte infusion est d'endormir, et d'alourdir le cerveau durant plusieurs heures, ce qui vous jette en une sorte prostration douloureuse pendant ce laps de temps.

Tout en discutant, le vieillard et son hôte étaient entrés dans le laboratoire.

— Pardon, dit le Bas-Normand, y a-t-il des poisons qui tuent instantanément ?

— Un seul, répondit le chimiste.

— Et lequel ?

— L'acide prussique.

Et le vieil Aubry prit sur une étagère un petit flacon soigneusement bouché :

— Tenez, fit-il, un atome de goutte de cette substance, pris avec la barbe d'une plume et mis en contact avec l'œil, la langue, le nez ou une simple écorchure, suffirait pour vous foudroyer.

— En sorte qu'une goutte dans un verre d'eau ?...

— Oh ! dit le chimiste ; une goutte, c'est plus qu'il ne faut. Un dixième de goutte suffit.

Un éclair passa dans les yeux gris pâle de maître Bachelet.

— *Ce que c'est que de nous...* murmura-t-il.

Il examina attentivement le lieu où le

chimiste replaçait le flacon, observa sa forme, sa capacité et les deux vases au milieu desquels il se trouvait, s'approcha nonchalamment de la croisée du laboratoire et jeta un coup d'œil à la mer qui bornait l'horizon.

Puis il revint s'asseoir près du vieillard et suivit d'un air distrait les détails de l'expérience.

L'expérience dura plusieurs heures, — le moment du dîner arriva. M. de Bachelet dîna aussi peu qu'il avait peu déjeuné, compta les solives du plafond, et, quand on se leva de table, demanda la permission d'aller à Marseille en un temps de galop, pour voir si le dernier courrier n'avait pas des lettres de Paris à son adresse.

Tout mauvais écuyer qu'il fût, Bachelet se cramponna hardiment à la selle et à la crinière, donna de l'éperon et lança le cheval à fond de train pour ne s'arrêter que dans la rue du Baignoir où demeurait Bouglais-Coquentin.

— Bah! dit celui-ci, vous êtes tout suant, qu'avez-vous donc?

— J'ai qu'il faut que cette nuit une barque m'attende en vue de la bastide.

— Pourquoi faire?

— Pour m'emmener, donc.

— Est-ce qu'il y aurait du nouveau?

— Pas encore beaucoup, mais il y en aura cette nuit... pour sûr!

Et Bachelet se mit à rire de son rire ignoble.

La fiole.

XXVII.

## XXVII.

— Ah çà, dit Bouglais-Coquentin, je suis heureux de vous voir, car il y a longtemps que je désire vous demander une explication.

— Que voulez-vous savoir?

— Ceci : tiendra-t-on ce qu'on m'a promis ?

— Que vous a-t-on promis ?

— Pardieu ! la question est jolie. On m'a promis dix mille francs pour tenir vos correspondants au courant de ce qui se passait chez Aubry et vous y présenter comme mon parent.

— On vous a promis dix mille francs pour cela seulement ?

— Trouvez-vous qu'ils sont volés ?

— Un peu, cher ; mais c'est bon à savoir, car si on vous paye dix mille francs un métier d'espion, on me payera le mien plus cher.

— Et quel est le vôtre ?

— Mon cher ami, répondit Claude-Anastase-Xénophon de Bachelet, ceci ne vous regarde pas.

— Mais au moins m'apprendrez-vous

pour le compte de qui et dans quel but nous agissons ? car, pour moi, je ne connais que des initiales et j'adresse mes rapports poste restante.

— C'est comme moi, répondit ingénument Bachelet, je n'en sais pas plus que vous.

— Vrai ?

— Oh ! parole d'honneur !

Nous nous sommes demandé plusieurs fois ce que pouvait peser la parole d'honneur d'un aussi fieffé coquin.

— Mais enfin me payera-t-on ?

— N'avez-vous reçu aucun à-compte ?

— Si fait ! trois mille francs environ par billets de cinq cents.

— Alors, mon bon ami, tenez-vous tranquille et faites votre devoir. Il n'y a rien à craindre. Nos correspondants sont *l'honneur même.*

Et le ton de maître Bachelet était d'une sévérité indignée.

— Mon Dieu! fit Bouglais honteux, je n'en ai jamais douté et j'ai pensé que des gens qui faisaient comme ça des affaires en grand devaient être excessivement *honnêtes*.

— Maintenant, continua le Bas-Normand, il me faut outre la barque et deux hommes, il me faut, dis-je, un *rossignol* (fausse clé) et une pince. Je ne veux pas de camelotte au moins.

— Allons donc! murmura Bouglais-Coquentin humilié; un homme qui doit incessamment acheter une charge de courtier ne fait pas de camelotte. Je vous aurai tout cela dans une heure.

M. de Bachelet tira sa montre :

— Il est huit heures, en repartant à neuf j'arriverai à neuf et demie. C'est cela. Tenez-moi tout cela prêt, je vous confie mon cheval et vais flâner sur le port pour fumer un cigare.

Maître Bachelet se vantait, car il ne fuma pas et se contenta d'arpenter, les yeux baissés et méditant, le trottoir de la Canebière.

C'était un consciencieux bandit : il mûrissait ses plans et ne faisait rien à la légère !

———

A neuf heures précises, le digne oncle de Bouglais-Coquentin remettait le pied à l'étrier et partait muni d'un rossignol, d'une pince et d'une de ces petites bougies entortillées sur elles-mêmes qu'on nomme vulgairement rats-de-cave.

Le ciel était d'une pureté parfaite, mais

de ce bleu sombre que les étoiles ne suffisent point à éclairer quand il y a absence de lune. Les sentiers étaient silencieux, la brise avait de suaves et aromatiques bouffées, les pins frémissaient voluptueusement et s'inclinaient sous son souffle ; il y avait par-ci par-là dans un buisson un rossignol qui chantait et se taisait ensuite soudain quand il entendait grincer sur les cailloux le sabot ferré du cheval.

C'était une de ces belles nuits provençales où dans l'air courent des haleines amoureuses, où l'âme se dilate et où toute pensée mauvaise s'en va bien vite de la tête et du cœur.

Mais ce digne homme qui avait nom Bachelet, ce rêveur qui flânait à travers les chemins fleuris et les haies d'aubépine, ce fripon à l'eau de rose qui avait les nerfs sensibles et faiblissait à la moindre émotion, s'en allait cependant calme et réfléchi sans se laisser attendrir et remuer par ce poétique silence de la mer et des champs. Il marchait sans s'arrêter, implacable et froid comme le génie du mal, combinant ses calculs machiavéliques et sifflotant parfois quelque refrain dégoûtant du bal Tivoli ou du salon de Mars.

Lorsqu'il fut à un quart de lieue environ de la bastide, il quitta le chemin creux, piqua droit à un massif d'oliviers isolés dans la campagne, mit pied à terre et attacha son cheval sous leurs rameaux touffus.

Puis il regagna le sentier, et malgré ses cinquante ans il se prit à courir.

Arrivé à la grille du jardin, il tourna brusquement à gauche, se glissa le long du mur d'enceinte et s'arrêta sous la fenêtre du laboratoire. Là il mesura la distance qui la séparait du sol.

— C'est trop haut, dit-il, escaladons le mur et crochetons la porte, c'est plus prudent.

Alors il saisit une souche d'espalier qui grimpait et recouvrait presque la maçonnerie, se hissa sans trop d'efforts sur le mur, et sauta lestement dans le jardin.

Un témoin qui l'eût vu introduire son rossignol dans la serrure du laboratoire et l'ouvrir lestement n'eût pu s'empêcher de songer que le drôle avait l'habitude de ces sortes d'opérations, — car la porte tourna presque aussitôt et sans bruit sur ses gonds et lui livra passage.

Il la poussa soigneusement sur lui, battit le briquet, alluma son rat-de-cave, et, à sa lueur, marcha sans hésitation vers l'étagère où il avait vu le vieil Aubry replacer la fiole d'acide prussique.

Mais il demeura stupéfait : la fiole n'y était plus !

Il crut s'être trompé, et passa de nouveau une inspection minutieuse de l'étagère, déchiffrant l'étiquette de chaque flacon. — Pas d'acide prussique! Maître Bachelet devint livide.

— Se douterait-on? murmura-t-il. Bah! quelle idée! Mais pourquoi la fiole n'est-elle plus là ?

Et il chercha une fois encore...

— Comment faire ? se dit-il, tremblant d'émotion; j'avais cependant tout arrangé pour cela. J'avais compté dessus, même... Qui sait s'il n'y aurait pas autre chose qui pût me servir...

Et il lut diverses étiquettes : *iodure de potassium, sel nitrique, alcali,* etc...

— Quel malheur ! s'écria-t-il, que je n'aie pas appris la chimie !

Son regard tomba sur un paquet soigneusement ficelé; il jeta les yeux sur la suscription :

— Arsenic! s'écria-t-il... bon! voilà mon affaire... Ça ne tue pas sur le coup, mais j'en mettrai tant et tant, que ça reviendra au même... Mais où diable peut être cette fiole?

Après une dernière et patiente investigation, maître Bachelet se saisit enfin du paquet d'arsenic, sortit du laboratoire, referma soigneusement la porte et s'en alla par où il était venu.

— Où diable est cette fiole? murmurait-il toujours en retournant prendre son cheval; que peut en avoir fait ce vieil imbécile? Me voilà forcé d'employer de l'arsenic comme la première cuisinière venue, à qui son maître a légué des rentes dans son testament et qui est trop pressée... C'est vulgaire.

Et là-dessus il enfourcha le cheval et revint à la villa au galop.

# Le drame.

## XXVIII.

Ce fut le vieil Aubry qui vint ouvrir la grille au cavalier.

— Comment, vous, mon chez hôte? fit celui-ci d'un ton mielleux.

— Parbleu ! dit le vieil Aubry, les contre-temps sont faits pour moi seul. Vous étiez à peine parti, qu'un exprès est arrivé pour chercher Antoine, notre unique domestique mâle, et le conduire auprès de sa mère qui est dangereusement malade. Cela nous arrive précisément aujourd'hui où tout le monde passera ici une partie de la nuit; car je veux que notre vieille cuisinière se couche selon son habitude. La pauvre femme dormirait debout.

— Comment va votre malade?

— Elle dort; c'est bon signe.

— Oui, murmura Bachelet avec un sourire qui eût fait frémir le vieillard si l'obscurité de la nuit ne le lui eût dérobé.

— Puisque vous m'avez offert de veiller avec moi, j'enverrai Louise se reposer jusqu'au matin.

— Oh! dit le Bas-Normand, si vous

voulez vous coucher aussi, soyez sans crainte... J'ai d'ailleurs à écrire plusieurs lettres, et cela me mènera à demain sans que je m'en aperçoive.

— Merci; mais moi-même je veux travailler.

— Vrai ?

— Oui, j'ai quelques recherches chimiques à faire, et j'ai même apporté dans la chambre de notre pauvre malade une partie de mes ustensiles.

— Hum ! pensa M. Bachelet, je parie que la fiole est avec, c'est à merveille... mais pourquoi diable ce vieux-là ne veut-il pas se coucher ?

— Venez, dit le vieil Aubry, qui pendant ce colloque avait délivré le cheval de la selle et de la bride, et l'avait attaché au râtelier. J'ai déterré deux bouteilles d'un certain rhum des Antilles, que j'apportai en mil huit cent dix-sept : ce n'était pas hier, comme vous le voyez ; nous ferons du punch, c'est excellent pour les nuits blanches.

— Hum ! hum ! hum ! fit Bachelet en faisant claquer voluptueusement sa langue.

En même temps il murmurait à part lui.

— Le punch... quel auxiliaire !

La chambre occupée par la folle était au rez-de-chaussée sur le jardin.

Louise veillait auprès de sa mère quand Bachelet entra avec le vieil Aubry.

— Mon enfant, lui dit ce dernier, il faut nous partager la besogne : nous allons rester ici, monsieur Bachelet et moi; retire-toi. Demain, au jour, tu nous remplaceras. Louise hésita une minute, mais elle vit le sommeil tranquille de sa mère et se rassura. Elle tendit son front au vieillard, salua Bachelet et se retira.

Mais l'excellent touriste parisien prit peu de garde au salut de la jeune femme : son attention était absorbée tout entière par les ustensiles de chimie que le père Aubry avait placés pêle-mêle sur une large table. Au milieu étaient deux fioles exactement semblables de forme, de couleur et de volume. Ces deux fioles ressemblaient à s'y méprendre à celle que Bachelet avait vue le matin pleine d'acide prussique. Et même, à n'en pas douter, c'était l'une des deux.

Mais laquelle?

Ceci devenait très-embarrassant. Le digne oncle de Bouglais-Coquentin n'avait point jeté ses vues sur l'acide prussique pour employer toute autre drogue inefficace. Il s'assit silencieusement auprès de la table, examina derechef les deux fioles, lorgna le contenu qui paraissait de même couleur, puis finit par se dire :

— L'une a un bouchon de cuivre, l'autre un bouchon de cristal : je crois que celle de ce matin avait un bouchon de cuivre... Oui, oui, c'est cela, me voici fixé.

Et tout joyeux de sa prodigieuse mémoire, il reprit son sourire bénin et regarda le vieil Aubry d'un air paterne :

— Est-ce que votre rhum de mil huit cent dix-sept est dans ces petites bouteilles ?

— Farceur ! dit le marin. Il n'y aurait pas de quoi nous humecter le bout de la langue. Ces deux bouteilles contiennent de trop mauvaise liqueur pour faire du punch.

— Bah !

— Parbleu ! je vous en ai montré une ce matin, celle de l'acide prussique... Vous savez ?

— Oui, et l'autre, qu'y a-t-il dedans ?

— Quelque chose qui ne vaut guère mieux : de la nicotine.

— Ouf ! fit Bachelet avec une grimace de répulsion, deux poisons... c'est peu drôle !

— Soyez tranquille ! nous ne les brûlerons pas avec deux citrons. Voilà ce que nous allons expédier...

Et le vieil Aubry prit sur la cheminée deux bouteilles ventrues, poudreuses et couvertes de toiles d'araignées. Puis il sortit une minute :

— Je vais chercher un bol et du sucre, dit-il.

Cette minute suffit à M. de Bachelet pour dresser tout un plan de campagne, inspecter les lieux et organiser ses batteries.

A sa gauche était la table et les deux fioles; à sa droite, la cheminée dans laquelle, malgré la saison, on avait allumé du feu pour tenir chaude la tisane que buvait la malade.

Derrière lui était le lit, et à côté du lit le fauteuil occupé par le vieil Aubry.

Ce dernier revint avec ce qu'il appelait un bol, et qui, sans exagération, avait presque la capacité d'une chaudière de paquebot. Un bloc de sucre était au milieu flanqué d'une douzaine de limons d'Espagne. Il arrosa le tout avec le contenu des deux flacons surannés.

Or, tandis que le vieillard enflammait le punch, son convive se faisait le raisonnement suivant :

— L'œil, la langue, le nez ou une sim-

ple écorchure, sur la barbe d'une plume...
un dixième de goutte... Ça n'est pas malin, mais... Faut-il le tuer ce vieux-là? je n'ai pas d'ordres pour lui... Et puis il est bon enfant... il a du rhum qui vous a un parfum... Bah! faut pourtant que ça crève un jour ou l'autre... Et puis il me gêne... Si seulement il pouvait se griser un peu... mais là de manière à *pioncer dur* (dormir profondément) et qu'il me laissât le temps d'expédier la vieille... Elle, ce ne serait pas long... une goutte dans l'œil... ou dans la tisane... Enfin, je verrai...

— Soufflez les bougies, dit joyeusement le marin, j'adore voir la flamme bleue.

Bachelet éteignit les flambeaux, et la lueur indécise et changeante du punch projeta sur les murs sa teinte fantastique.

— Maintenant, allumez ce cigare et dites-moi si la ferme de Paris vous en fournit de pareils.

Bachelet prit le cigare, l'alluma à la flamme du punch et s'écria :

— C'est du miel, du vrai miel, quoi! et ça sent que ça embaume...

Le malheureux oubliait qu'il changeait subitement de langage et reprenait ce ton d'estaminet qui lui allait si bien parmi les habitués du café Buffault.

Mais Aubry n'y prit garde et continua:

— Ce sont des cigares de Cuba, purs planteurs. J'en ai encore deux caisses passées en fraude.

— Pourriez-vous m'en procurer?

— Peut-être. Au reste, je vous offre une de mes caisses.

— Je vous remercie mille fois.

— Voyez-vous, poursuivit le vieillard, le punch et le cigare, flamme et fumée, c'est la vie! il n'y a que cela de bon en ce monde. Quand le punch flambe, j'ai le cœur joyeux, il me monte au cerveau des parfums de jeunesse, je retourne à mes vingt ans; quand le punch s'éteint, je contemple la fumée grise de mon cigare, et je vois au travers les phases diverses de mon existence aventureuse. C'est d'abord le brûlot que je commandais à Navarin et avec lequel j'incendiai l'*Youssouf-Pacha*, un crâne navire, mort-Dieu! puis, c'est mon brick coquet chargé de bois d'ébène depuis la cale jusqu'à la dunette; puis encore les terres indiennes avec leurs grands arbres peuplés de singes, leurs prairies touffues où miaulent les tigres... et l'Amérique avec, l'Amérique du Sud où le soleil est un fer rouge...

— Qui donc est là? dit une voix faible derrière le conteur.

Aubry se leva vivement, et Bachelet tressaillit.

La malade s'éveillait.

— C'est moi, bonne mère, dit le vieillard.

— Et pourquoi êtes-vous ici?

— Pour être près de vous.

— Je suis donc malade?

— Non, mais...

— Ah! oui, je me souviens... le docteur a dit qu'il me fallait du repos... beaucoup de repos... mais j'ai bien dormi... Qui donc est avec vous?

— C'est un ami, M. de Bachelet.

— Le coup de pistolet?

— Précisément.

— C'est bien ; je vais essayer de me rendormir.

Aubry retourna auprès de la table et

ralluma les flambeaux, car le punch venait de s'éteindre...

— Tendez votre verre, mon hôte! et buvons... ça réchauffe.

— A la vôtre! dit Bachelet en buvant et faisant ensuite claper sa langue. Fameux, ce punch!

— Revenez-y.

— Diable! comme vous y allez...

— Dame! fit le marin, je bois mieux que les gens de terre. Ne voulez-vous pas me tenir tête?

— Parbleu! si.

Le verre fut empli de nouveau, mais comme Aubry tournait la tête vers la malade, Bachelet en jeta le contenu sous la table.

— Pas de bêtises! murmura-t-il.

Et, reposant le verre, il se renversa nonchalamment dans son fauteuil et l'environna d'un opaque nuage de fumée, laissant boire Aubry et se disant :

— Encore trois verres comme ça et le vieux est gris comme un Polonais. Cela m'évitera d'être criminel et je pourrai voir *le lever de l'aurore*; car, pour ce qui est de la folle, je m'en lave les mains... j'ai des ordres...

— Allons, paresseux ! fit Aubry, buvez donc.

Et il emplit le verre de Bachelet. Bachelet le porta à ses lèvres, l'effleura et le remit sur la table tandis qu'Aubry vidait le sien d'un trait.

— Ah ! dit soudain la folle qui ne s'était point rendormie, je me souviens maintenant...

— Et de quoi, bonne mère ? demanda le vieux marin en se levant et s'approchant d'elle.

— Du nom de mon mari... vous savez bien, je l'avais oublié...

M. de Bachelet tressaillit. Son œil flamboya, il se leva tout d'une pièce.

— Et quel est-il ce nom ? fit le vieillard.

— Oh! dit la folle, c'est un beau nom avec un titre. Mon mari se nommait le chevalier de Kerbrie.

— Kerbrie! s'écria Aubry ivre de joie; ah! nous le savons enfin...

Bachelet, à qui le vieillard tournait le dos, saisit sur la table la fiole au flacon de cuivre et la dissimula dans sa main fermée. Son regard avait de fauves éclairs.

— Donnez-moi à boire, murmura la malade, j'ai soif.

Bachelet se précipita sur la bouilloire, prit une tasse sur la cheminée, l'emplit d'eau miellée et y versa avec une rapidité de prestidigitateur quelques gouttes du contenu de la fiole.

— Tenez, dit-il, buvez.

Et d'une main il lui tendait la tasse, de l'autre il tenait le flacon ouvert.

Mais la malade, ayant approché le breuvage de ses lèvres, le rejeta vivement sans l'avoir avalé :

— Pouah ! s'écria-t-elle, qu'est-ce que cela sent donc !

En même temps une odeur insupportable se répandait dans la chambre.

Le vieil Aubry poussa un cri et se précipita sur la tasse brisée, dont les débris contenaient encore quelques gouttes du breuvage.

— De la nicotine ! exclama-t-il en jetant les yeux sur la table, et n'apercevant plus qu'une seule fiole. Et se relevant soudain, il s'élança sur Bachelet qui, pâle et tremblant d'émotion, étourdi d'avoir manqué son coup, avait prudemment reculé, tenant toujours le flacon dans sa main.

— Empoisonneur ! assassin ! hurla Aubry en le saisissant à la gorge et se mettant en mesure de l'étouffer. Mais l'instinct de la conservation rappela chez le Bas-Normand cet atroce sang-froid qui l'abandonnait si rarement ; il enlaça de ses bras nerveux les bras du vieillard, qui lâcha prise. Et alors commença une véritable lutte corps à corps, muette, implacable. Les deux athlètes, aux yeux effrayés de la malade, qui avait encore la tête trop faible pour comprendre, et dont les cheveux se hérissaient et la langue se glaçait de terreur, — pirouettèrent sur eux-mêmes, se traînèrent, se cramponnèrent l'un à l'autre, essayant en vain de se renverser mutuellement, — puis, tout-à-coup de ce groupe de chair humaine sortit un cri sourd, et tous deux s'affaissèrent sur le sol...

Bachelet était parvenu à tirer son couteau et il l'avait enfoncé tout entier dans la poitrine du vieil Aubry : — le vieil Aubry était tombé, mais en tombant il n'avait point lâché prise et il avait entraîné Bachelet dans sa chute.

Mais l'un était blessé, l'autre sauf, la lutte n'était plus douteuse.

Un moment encore ils roulèrent tous deux, s'étouffant, se mordant et cherchant à se broyer l'un contre l'autre sous leurs muscles d'acier; — puis un seul se releva et posa un genou vainqueur sur la poitrine de son adversaire expirant.

C'était Bachelet.

— Tu as ton compte, mon bonhomme,

fit-il avec un cynisme féroce, tu en avais trop entendu pour vivre un jour de plus...

Aubry essaya de crier ; un flot de sang sortit de sa gorge. — Bachelet continua :

— Vois-tu, vieux, t'étais pas méchant, et ça me vexe de t'expédier, mais il ne faut pas que ta belle-fille sache que son père s'appelait M. le chevalier de Kerbrie... parce que, vois-tu, il y a cinq cent mille francs de rentes à partager... — Si t'étais pas si près de tourner l'œil, je te conterais cela... mais tu n'as pas le temps...

Aubry poussa un râle sourd.

— Tiens ! fit le Bas-Normand, je ne veux pas que tu souffres, je vas t'expédier tout de suite. Je ne peux plus me tromper maintenant.

Et il allongea la main vers le flacon d'acide prussique et le déboucha...

Tout mourant qu'il était, Aubry fit un dernier effort qui renversa presque Bachelet en arrière ; mais celui revint à la charge.

— T'as dit l'œil, la langue, le nez ou une écorchure. Je ne veux pas te défigurer ; je veux que tu aies la chance de mourir comme le roi Murat, qui était plus beau que toi...

Et le bandit versa froidement quelques gouttes du flacon dans la plaie du vieillard, qui soudain devint immobile et raide comme si le feu du ciel l'eût frappé.

— En voilà un amour de poison, s'écria-t-il ; à la vieille à présent !

Et il s'élança vers le lit, saisit la malheureuse par les cheveux et répandit sur son visage le reste d'acide prussique que contenait la fiole...

Elle était morte avant qu'il eût fini de verser ! Alors pour couronner son œuvre, le monstre prit un flambeau, l'approcha des tentures du lit qui s'embrasèrent soudain, puis enfonçant la fenêtre d'un coup de pied, il s'élança hors de cette chambre où les flammes allaient dévorer deux cadavres...

Et une heure après, nonchalamment étendu à l'arrière d'une barque qui avait le cap sur Marseille, ce digne M. Claude-Anastase-Xénophon de Bachelet contemplait d'un œil mélancolique les cimes d'Agrau et des Aigalades, le frais vallon de Saint-Henri, à la lueur splendide de la villa qui brûlait et il murmurait :

— J'aurais préféré cependant éviter le couteau. Je hais l'effusion du sang, c'est mélodrame... mais dame! aussi, c'est sa faute à ce vieux; pourquoi diable avait-il deux fioles semblables !

Contre-ordre.

## XXIX.

C'était donc bien maître Bachelet que Bernard avait vu descendre en chair et en os d'un cabriolet, une valise sous le bras, et entrer dans l'hôtel d'où il sortait, lui, pour suivre le commissaire de police.

Le Bas-Normand jeta négligemment son nom à un laquais, mit sa valise dans un coin du vestibule et gravit le grand escalier de marbre blanc.

Madame de Willermez était à peine remise de l'émotion intérieure et habilement comprimée produite chez elle par son entrevue avec Pelao, elle avait à peine essuyé ses larmes de circonstance, rétabli un ordre rapide dans sa toilette et fait disparaître un reste de pêle-mêle qui existait encore sur le guéridon où naguère elle écrivait, — lorsqu'on annonça maître Bachelet.

— Enfin ! s'écria-t-elle avec une sorte d'explosion de soulagement, enfin ! Faites entrer sur-le-champ.

Bachelet parut.

Ce n'était plus le trivial habitué du café Buffault, l'homme au jargon de bas étage, l'usurier sans cœur, le laquais sans honte, l'assassin sans tressaillement et sans fibre que vous savez ! — Non certes ! c'était cet excellent M. de Bachelet, l'oncle en propre et par les femmes de Bouglais-Coquentin, une bonne pâte d'homme, tout miel et tout cœur, à qui on eût donné le bon Dieu sans confession et prêté vingt francs sans exiger de reçu : un type qui va se perdant tous les jours et dont l'éternel sourire, stéréotypé sur des lèvres minces et blêmes, renferme autant de sensiblerie philosophique que d'indulgence dédaigneuse à l'égard de notre pauvre humanité.

Son costume avait également subi de notables améliorations. Il ne portait plus la redingote boutonnée et graisseuse, le pantalon de coutil incolore et le chapeau déformé que les usuriers ont déterré nous ne savons où et dont ils semblent avoir le monopole, il avait mis au rebut les bottes éculées de la semaine et les bottes insolemment vernies du dimanche, rendu au tiroir sa cravate de taffetas noir roulée en corde, et son faux-col économique s'adaptant au discret gilet de satin éraillé et montant par-dessus une chemise absente. — Rien de tout cela, — mais en échange une honnête culotte de nankin un peu étroite, tombant sur des souliers lacés et un bas soigneusement tiré; un habit bleu de ciel, coupe impériale, à boutons de cuivre et collet arrondi, une cravate blanche bien ample, de laquelle montait, avec la raideur de l'empois, un col de chemise dont les pointes exagérées caressaient ses favoris. Un gilet jaune d'or à revers, une canne vertueuse en jonc peint et à pomme d'ivoire, — un de ces chapeaux tromblons à ailes étroites et forme évasée dans le goût du schapska polonais, — et brochant sur le tout un air modeste, une démarche patriarcale qui eussent fait dire à M. de Balzac, à ce grand anatomiste de l'humanité lui-même :

— Voilà un mercier bonnetier d'Angoulême ou de Blois, veuf depuis mil huit cent dix-sept, père d'une fille nommée Arthémise et qui veut voir Paris avant de mourir.

Ainsi vêtu, maître Bachelet fit son entrée dans le boudoir de la lionne avec la même humilité dont il s'était masqué à Marseille quand Bouglais-Coquentin l'avait introduit dans la famille Aubry.

Madame de Willermez, qui ne connaissait encore de lui que le chenapan, fut frappée et presque effrayée de cette étrange métamorphose :

— Il est humble, pensa-t-elle, il n'a rien fait de bien.

— Ah! vous voilà, dit-elle, c'est heureux de savoir que vous êtes encore du monde.

— Madame est mille fois trop bonne de daigner me railler...

— Je ne raille pas. Vous m'avez laissée dans une incertitude des plus grandes. Voici treize jours que vous êtes parti; il y en a huit que je n'ai pas reçu de lettres de vous, — depuis que vous m'annonciez le départ de Marc et la rechute de la folle occasionnée par votre coup de pistolet. Que s'est-il passé ensuite?

— Oh! presque rien.....

— Comment, presque rien?

— Mon Dieu non, fit Bachelet : la folle

a éprouvé du mieux d'abord ; elle est redevenue lucide.

— Après ? fit impatiemment madame de Willermez.

— Après, elle a une seconde fois reconnu tout le monde. Et puis...

— Et puis ?

— Et puis elle a parlé, et elle a dit que son mari était le chevalier de Kerbrie.

Madame de Willermez se dressa étincelante :

— Elle a dit cela ! Vous dites qu'elle a dit cela, et vous êtes de sang-froid !...

— Je ferai observer à madame que je le suis toujours.

— Mais, enfin, que s'est-il passé ? Qu'avez vous fait ?

— Je vous l'ai dit, madame, presque rien... Quand la folle a eu lâché le mot en question, il y avait auprès d'elle le vieil Aubry.

— Ah !... Eh bien ?

— Eh bien ! fit naïvement Bachelet, j'ai tué le vieil Aubry.

— Ensuite ?

— Ensuite, j'ai tué la folle, continua-t-il simplement.

— Deux meurtres !

— Oh ! ce ne sont pas des meutres ordinaires, ceux-là.

— Ah !... Et quelle est la différence que vous faites ?

— C'est que je les ai tués tous deux avec trois gouttes d'acide prussique.

Un éclair jaillit des yeux noirs de madame de Willermez. Cet éclair était un éloge :

— C'est bien, dit-elle, vous n'êtes pas un coquin vulgaire.

— Je me suis toujours laissé dire que j'avais quelque distinction dans ma manière de faire...

— Fat ! Et qu'avez-vous fait de Louise ?

— Dame ! murmura Bachelet avec un accent de contrition, j'avoue à ma honte que je ne sais ce qu'elle est devenue.

— Comment cela ?

— Hélas ! j'étais un peu pressé, j'ai laissé tomber un flambeau, ce flambeau a incendié les rideaux du lit, les rideaux ont mis le feu à la maison, et il est probable que cette pauvre enfant n'aura pas eu le temps de se sauver...

Bachelet prononça ces derniers mots avec une modestie candide si révoltante, que madame de Willermez fit un geste de dégoût.

— C'est bien, dit-elle, je vais vous payer.

— Oh ! dit Bachelet, madame m'injurie vraiment en voulant me faire mon compte avant que je sois débotté ; et quoique j'aie besoin de *ce que je gagne*, je n'attends pourtant pas après... Madame réglera mes honoraires un autre jour.

Le mot *honoraires* était superbe !

— Soit, dit madame de Willermez.

— D'autant, continua Bachelet, que nous n'avons pas fait un prix exact...

— Vous aurez ce que vous voudrez.

Le Bas-Normand salua jusqu'à terre et fit mine de se retirer.

— Attendez, dit la jeune femme, j'ai encore besoin de vous.

— Je suis aux ordres de madame.

— Vous allez louer une chambre dans l'hôtel meublé de madame Carnaud, vous

vous y installerez et attendrez mes ordres. Portez ces deux lignes à la Carnaud.

Et madame de Willermez écrivit :

— Inutile de donner congé au nouveau locataire, — mais me rendre un compte exact et minutieux de tout ce qu'il fera et dira.

Bachelet parti, madame de Willermez se dit :

— Je n'ai plus rien à craindre de Marseille ; Bernard est en prison et n'en sortira point ; j'ai les papiers et les titres du vieux chevalier... reste Gaston ! A nous deux donc !

# L'idée de Pornic.

## XXX.

Il y avait huit jours au moins que Bernard était en prison.

Pornic était allé vingt fois à la Conciergerie solliciter l'autorisation de voir son brigadier; vingt fois on lui avait répondu que Bernard était au secret et ne communiquait avec personne.

Il s'était rendu tout aussi souvent chez madame de Willermez, — mais toujours le suisse lui avait dit :

— Madame est à la campagne.

Pornic était revenu découragé... mais, nos lecteurs s'en souviennent, le gars de Bretagne était tenace en diable, et quand il avait logé quelque chose dans sa tête, — ce quelque chose devait être.

Or, Pornic s'était dit :

— J'ai mon idée... Je n'ai pas trouvé encore... mais c'est égal, je trouverai... Oh ! je trouverai...

Et le gars cherchait, cherchait nuit et jour, creusait et retournait son idée à grand renfort de coups de poing qu'il s'appliquait sur le crâne, — et sans cependant abandonner son travail quotidien, à l'aide duquel il subvenait à ses besoins et à ceux du vieux Pelao et de l'enfant; — car il s'était répété souvent :

— Mon brigadier a bien dit qu'il avait des écus en réserve, mais faut les garder... ça sert toujours.

Et tout en travaillant, mais surtout quand il avait travaillé et fumait tranquillement sa pipe à la guillotine de sa mansarde, Pornic réfléchissait et mûrissait certain plan de campagne qu'il avait ébauché dès la première heure qui suivit l'arrestation de Bernard.

Mais la maturité se faisait attendre; — Pornic ne trouvait pas un point de départ convenable pour l'exécution, et il attendait...

Dieu sait s'il eût attendu longtemps encore, si un conflit de circonstances fortuites ne fût venu couper court à ses hésitations.

Un matin, il était à l'atelier, travaillant avec ardeur et écoutant, sans lever les yeux de son ouvrage, les conversations diverses établies entre les ouvriers.

— Ah çà ! dit l'un d'eux, qu'est-ce que vous dites donc du Blondin, vous autres ?

— Dame ! fit-on à la ronde, c'est un feignant, chacun le sait.

— Il l'a toujours été, ajoutèrent quelques-uns.

— Il l'est bien plus encore maintenant.

— C'est vrai tout d'même qu'il flâne drôlement depuis huit jours.

— Et, ajouta un autre, il fait rouler les *roues de derrière* un peu proprement.

— Allons donc !

— Ma foi! oui, à preuve qu'il m'a payé un dîner chouette hier.

— Et où donc ça? chez Ramponneau?

L'ouvrier interpellé haussa les épaules de dédain.

— Allons donc! fit-il, pour qui nous prenez-vous?

— Où donc alors?

— Chez Henri, parbleu! boulevard de l'Ambigu, à trente-deux sous par tête, sans compter le vin... et le café en plus.

— Excusez du peu.

— Et puis après le spectacle.

— A Bobino.

— Oh! c'te farce! Aux *Folies*, donc! et une loge d'avant-scène encore... à quarante-cinq sous la place.

— Faut que le Blondin ait fait un héritage.

— Je crois bien plutôt qu'il a assassiné quelqu'un.

— Allons donc! il n'a pas assez de sang pour ça; faut de l'aplomb pour assassiner...

— Alors il trouvé quelque magot...

La conversation dura encore ainsi pendant quelques minutes, puis on parla d'autre chose, et le Blondin fut oublié.

Mais Pornic n'oubliait pas, lui; il avait écouté de ses deux oreilles et sans mot dire, continuant à méditer et creusant son idée.

Puis, le repos de midi arrivé, le gars alla retrouver Perrussin :

— Patron, dit-il, je vas faire un tour à la maison. C'est-y pressé mon ouvrage?

— Dame! oui, répondit Perrussin; pourquoi me demandes-tu cela?

— Parce qu'il serait bien possible que je ne revienne pas d'aujourd'hui...

— Alons bon ! grommela l'ex-sommelier. Comme tu voudras, mon garçon, ça te regarde... Si tu perds une demi-journée, je te payerai une demi-journée de moins.

— Je ne vous la réclame pas. Bonsoir, patron.

Et Pornic s'en alla.

— Faut que je trouve le Blondin, murmurait-il, faut que je le trouve. Allons à la maison, il y est peut-être...

Pornic ne se trompait point. Comme il grimpait ses cinq étages, il rencontra le Blondin qui descendait.

D'ordinaire il ne lui parlait jamais, mais cette fois il lui prit le bras et l'arrêta :

— Dis donc, petit ! fit-il d'un ton réjoui

qui écartait tout soupçon de malveillance, dis donc, petit...

Blondin ôta poliment sa casquette.

— Qu'est-ce qu'il y a pour votre service, monsieur Pornic ?

— Faut que je te conte ça, petit... monte donc un peu...

— C'est que, dit le Blondin hésitant, je suis pressé...

— Monte tout d'même, nous ne lanternerons pas...

Le Blondin suivit Pornic, non sans quelque appréhension, mais ses craintes s'évanouirent quand Pornic, ayant soigneusement refermé sa porte, lui eut dit :

— Vois-tu, c'est pas pour dire, mais je suis fier comme un vrai Breton, et j'aime pas demander un service... pourtant, vu que tu es encore un *imberbe*, poursuivit Pornic, se remémorant cette expression de bivouac, je vas me risquer avec toi...

— Comment donc ? mais ne vous gênez pas.

— Faut te dire, mon gars, pardon excuse ! c'est comme ça qu'on appelle les jeunes gens au pays, faut te dire que j'ai comme qui dirait une atroce envie de faire la noce.

— Vrai, monsieur Pornic ?

— La vérité vraie ! mais c'est que, vois-tu, je n'ai pas ça de *douille*.

Et Pornic fit claquer ses dents avec l'ongle de son pouce.

— Faudrait que tu me prêtes cent sous.

Le Blondin se mit à rire.

— Dix francs, si vous voulez.

— Oui, si tu veux nocer avec moi.

Le Blondin hésita encore.

— Et où irions-nous bien ? demanda-t-il.

— Où tu voudras, pourvu que nous allions à la campagne.

— Allons à Asnières.

— Non, c'est trop loin.

— A Charenton ?

— Tiens, vois-tu, petit, Asnières c'est comme Charenton et Charenton c'est comme Asnières; tout ça c'est au bord de l'eau, et j'aime mieux le vin. Allons à Belleville, tout en haut, du côté de Pantin.

— Ça va, dit le Blondin, en route !

— Attends, petit, faut que je me rafistole un peu et que je mette une redingote avec un chapeau...

Et Pornic s'habilla en effet fort proprement, brossa son chapeau demi-soie et chaussa des bottes neuves à talons exhaussés.

Pendant ce temps, le Blondin l'observait à la dérobée ; mais, malgré sa perspicacité, il ne pouvait s'empêcher de penser à la vue du visage obtus et bénin du Bas-Breton que le pauvre garçon n'avait, pour le moment, qu'une chose en tête : nocer !!!

— Partons, gars, dit Pornic, et donne-moi les deux roues de derrière.

— Les voilà, dit le Blondin en tirant dix francs de sa poche, mais c'est moi qui paye... et pas vous !

— Pourquoi ça ?

— Parce que... parce que... enfin j'aime payer, moi.

— Alors, fit Pornic ingénument, si t'es riche, paie.

— Riche, non, mais j'ai fait un bout d'héritage.

— Sacré feignant ! dit Pornic en lui allongeant une calotte d'amitié, a-t-il de la chance !

— Venez, fit le Blondin en ouvrant la porte et descendant le premier.

Pornic le suivit ; mais, arrivé au troisième étage, il s'arrêta :

— J'ai oublié ma pipe, dit-il.

— Nous fumerons des cigares.

— Tout de même ; mais après dîner j'aime mieux la pipe. Attends une minute.

Pornic grimpa en quelques enjambées jusqu'à sa mansarde ; mais, au lieu de sa pipe qu'il avait dans sa poche, quoi qu'il en eût dit, il tira d'un vieux coffre une belle corde neuve d'un pouce d'épaisseur, longue de deux mètres, la roula proprement et l'enfouit dans les poches profondes de son pantalon à blouse.

— J'ai mon idée, murmura-t-il, j'ai mon idée.

Et il rejoignit le Blondin.

Pornic et son compagnon gagnèrent le boulevard ; là le Blondin lui dit :

— C'est loin Pantin, si nous déjeunions chez Henri ?

Pornic ouvrit de grands yeux ébahis :

— Tu folichonnes, petit, dit-il.

— Pourquoi ça ?

— Parce que c'est trop cher.

— Qu'est-ce que ça fait, puisque je paie...

— Eh bien, dit Pornic, je veux ben aller, mais à la condition que nous irons à Pantin tout d'même.

— Pardi !

— Alors, entrons et fais la carte, gône.

Et Pornic accompagna d'une calotte cette amicale appellation.

Le Blondin, en vrai raffiné et comme un homme qui sent le poids d'une boutique d'épiceries dans notre ordre social, le

Blondin, disons-nous, demanda ce qu'il y avait de plus recherché dans le restaurant à trente-deux sous. On lui servit des pieds de mouton à la poulette, un fricandeau à l'oseille, un filet de chevreuil fait avec du bœuf, une tarte aux pommes et le reste à l'avenant.

C'était là le menu ordinaire de ce fameux restaurant où Pornic n'osait point aller, tant il y avait de luxe dans le service, de confort dans les mets et d'exagération dans les prix de la carte.

Quant au vin, il valait mieux que la cuisine; le Blondin se fit servir du Bordeaux, du Mâcon, et, au dessert, une demi-bouteille de Champagne-Jaquesson, sorte de tisane que les buveurs novices prennent d'odinaire pour du vin d'Aï.

Pornic admira, se récria, mangea comme eût pu le faire M. le baron Karnieuc lorsqu'il n'était qu'intendant de Kerbrie, but comme buvait encore le bonhomme Perrussin, et acheva de capter la confiance de son amphitrion par ses saillies bretonnes et ses spirituelles bêtises.

Quand ils eurent achevé, il était près de deux heures. Pornic flageolait sur ses jambes, le Blondin avait la joue enflammée et l'œil brillant.

— Allons, petit, dit Pornic, en route!

— En route! répondit le Blondin en prenant le bras de Pornic.

Ils gravirent le faubourg du Temple et s'arrêtèrent devant un bureau de tabac.

— Paye un cigare, petit.

— Parbleu! c'est mon intention.

Pornic allongea la main vers la boîte des affreux bouts tournés, que la régie donne aux consommateurs pour la bagatelle de cinq centimes ; mais le Blondin le poussa du coude :

— Allons donc ! fit-il avec dédain. Je ne fume que du cinq sous.

Et il jeta six francs sur le comptoir et demanda un paquet de havanes qu'il mit dans sa poche après en avoir fourré la moitié dans celle de son compagnon.

L'éblouissement de Pornic redoubla, il regarda le Blondin avec une sorte de respectueuse admiration et lui dit :

— Puisque tu fais les choses en grand, tu me payeras bien un litre à la barrière, j'ai une soif d'enfer.

— Un litre ! fi donc ! une bouteille cachetée...

— Du tout, un litre.

— Mais puisque je paye.

— Ça ne fait rien, j'aime mieux un litre.

— Mais c'est moins bon...

— Vois-tu, petit, les vins fins c'est cher, mais c'est mauvais, ça n'a pas de goût. Tout ce que nous venons de boire m'a passé dans l'estomac comme un bouillon d'herbes, je suis écœuré. Le petit bleu, au contraire, on le sent dans le gosier, ça râcle... Vive le petit bleu!

Et Pornic flageolait de plus en plus.

— Va pour le petit bleu, dit le Blondin.

Ils s'attablèrent à l'entrée du boulevard extérieur, sur le porte d'un marchard de vins, et demandèrent un litre du crû d'Argenteuil.

— A la bonne heure! s'écria Pornic joyeux, vive le bleu! J'ai mon idée... ajouta-t-il entre ses dents en jetant à la dérobée un regard de colère au Blondin, qui buvait en faisant la grimace.

— Maintenant, continua le gars bas-breton en tirant sa pipe, fumons-en une.

Le Blondin fit un signe d'assentiment et alluma un nouveau cigare.

Pornic demanda un deuxième litre et fit durer la station une heure; puis ils se remirent en route.

Seulement Pornic flageolait un peu moins et le Blondin un peu plus. C'était l'effet du vin bleu. Il grisait l'un et dégrisait l'autre. Nos deux *noceurs* montèrent rue de Paris et, arrivés à la hauteur de la petite église de Belleville, Pornic s'arrêta :

— Cette fois, dit-il, c'est moi qui offre. Je vas te payer un litre.

— Mais, dit le Blondin, nous avons pas mal bu déjà, et nous pouvons bien attendre le dîner.

— J'ai soif, répondit laconiquement Pornic.

— Mais je n'ai plus soif, moi...

— *Feignant*! murmura le Bas-Breton en s'attablant ; holà ! garçon un litre à douze.

L'épithète de feignant alla droit au cœur du Blondin : il s'assit et but.

— Fumons encore une pipe, fit Pornic.

La pipe ne s'éteignit qu'au bout d'une heure. Le soleil déclinait ver l'horizon quand ils se remirent en marche.

Le Blondin ne flageolait plus, il chancelait. Quant à Pornic, on eût dit qu'il n'avait avalé que de l'eau. Il chantonnait et cheminait d'un pas alerte.

En dehors du faubourg de Belleville s'étend une sorte de plateau vert et fleuri au printemps ; de charmants pavillons, des jardins bien entretenus, y sont semés çà et là.

Sous les charmilles vertes on chante et l'on boit le dimanche ; le faubourg du Temple, la rue Ménilmontant y mandent leurs plus jolies grisettes ; les ouvriers, pères de famille, y amènent toute une charmante couvée de petites filles rieuses et d'enfants babillards ; on danse au son d'un orchestre sans doute moins harmonieux que celui de l'Opéra, mais qui, en plein vent, acquiert de suaves teintes de mélancolie ; et quand le soir vient, un beau soir de printemps, tiède et serein, le ciel du couchant revêt des nuances si riches, les derniers rayons du soleil épars sur les nuages pourpres éclairent un horizon si splendide, que tous ces travailleurs, qui n'ont lu ni Victor Hugo ni Lamartine, qui ne sont ni poètes, ni peintres, reposent leur verre, éteignent leur chanson et se recueillent silencieux et graves pendant quelques minutes pour contempler cette ébauche sans copie, échappée comme par enchantement de la palette divine de ce peintre qui fait école à lui tout seul et qu'on nomme Dieu.

Le peuple, en France, a tous les instincts du beau.

Ce plateau, coquet, rieur, paré de lilas, de chèvrefeuilles et de roses, a nom les buttes Saint-Chaumont. Mais comme à tout clair il faut une ombre, à tout tableau un repoussoir énergique; comme la nature, ainsi que la vie humaine, ne se compose que de contrastes, au-delà de la verdure, le désert; au-delà de la vie, la solitude morne et nue...

Un lieu sans nom, un lit de torrent desséché depuis des siècles, un ravin sans végétation, sans un arbre, sans une touffe d'herbe, formé de deux murs de sable pétrifié et presque à pic, sur ce ravin un pont de bois branlant au moindre souffle, au fond une sorte de mare infecte d'où s'exhale une odeur de sang corrompu... aux bords de cette mare des ossements que l'aile du temps a blanchis, d'autres ossements sanguinolents encore que rongent à bas bruit de gros rats noirs ou gris : — auprès des rats des hommes aux bras nus et rouges, à l'œil mauvais, à la lèvre pendante et féroce, accomplissant silencieux leur dégoûtante besogne, — une race de bourreaux dégénérée : — des équarrisseurs.

Ce lieu sinistre, c'est Montfaucon !

Les gibets ont disparu, mais la nuit, quand le vent souffle et s'engouffre dans le ravin, on dirait encore le bruit des pendus décharnés qui s'entrechoquaient jadis dans l'ombre; l'imagination repeuple ce désert de ses terribles habitants des siècles éteints, cette solitude s'emplit de mystères, et la peur vous saisit quand on vient à traverser ce pont étroit qui joint les deux rives de ce fleuve sans eau et qui tremble sous votre pas que l'effroi précipite.

Pornic s'arrêta une fois encore sur les buttes Saint-Chaumont.

— Je paye un litre, dit-il.

— Oh! cette fois, dit le Blondin que l'ivresse commençait à altérer, c'est moi qui le payerai.

— Du tout, tu payeras le dîner. Vois-tu, petit, continua Pornic d'un air finaud qui attestait le dérangement passager de sa cervelle, faut avoir du vice, en ce monde, faut être malin...

— Comment ça? demanda le Blondin.

— Tiens, à preuve : t'as payé le déjeuner, trois plats au choix, du vin et du dessert à discrétion, total : douze francs! t'as payé un paquet de cigares, six francs; un litre à douze, soixante centimes, comme on dit dans le grand monde; tu payeras le dîner, c'est-à-dire un lapin en gibelotte, une omelette au lard, un morceau de veau, de la salade et du fromage de Brie, six bouteilles de vin, environ cent sous, quoi ! — Total vingt-trois francs douze sous. Excusez du peu ! Moi je te paye deux litres à douze, total : un franc vingt centimes. — Pourtant, là, en conscience et sans mentir à la vérité vraie, on peut pas dire que t'as tout payé... tu comprends, hein?

Et Pornic partit d'un gros rire.

— T'es soûl, mon bonhomme, pensa le Blondin, qui décrivait de magnifiques zigzags.

Les gens avinés ont cela de particulier,

qu'ils remarquent toujours l'ivresse des autres avant la leur. C'est l'application vivante et perpétuelle de l'ingénieuse fable des *deux besaces.*

Tous deux allèrent s'asseoir sous une petite tonnelle de lilas et de chèvrefeuille, et Pornic bourra une troisième pipe :

— Oh! dit-il soudain, une idée!

— Quelle idée ?

— Si nous prenions de l'absinthe, ça ouvre l'appétit.

— Ça y est, répondit le Blondin.

Pornic demanda de l'absinthe.

— Allons, allons, dit-il, quand l'affreux poison fut avalé, nous avons encore un bout de chemin d'ici à Pantin. Dépêchons-nous. Et il paya l'absinthe et prit le bras du Blondin. Bientôt ils arrivèrent au ravin de Montfaucon, et descendirent par un sentier rapide jusqu'au pont dont nous parlions tout-à-l'heure.

De l'avis du Blondin, Pornic était ivre; mais c'était cependant Pornic qui soutenait le Blondin, lequel trébuchait à chaque pas.

— En v'là des chemins! murmura ce dernier, quand il sentit le pont craquer sourdement sous ses pieds.

— Pas beaux du tout, dit Pornic; tiens, petit, regarde-moi donc en bas, hein! Quel saut!

— Ouf! fit le Blondin, je ne voudrais pas le faire.

— Je me suis laissé dire que c'était par ici qu'on pendait les voleurs au temps d'autrefois...

— Vous croyez? demanda le Blondin avec un frisson.

— Un peu. Et même que la potence

était là, sur le pont. Tiens, au milieu.

— C'est possible, fit le Blondin, mais maintenant, c'est plus ça.....

— Et, continua Pornic, il paraît que ça se faisait drôlement, va ! on attachait une longue corde au cou du voleur, et puis on le faisait passer par-dessus le parapet, et on le jetait là, dans le vide.....

Le Blondin était pâle.

— Et faut croire, ajouta philosophiquement Pornic, que, s'il y avait de l'eau en bas, en ce temps, il en passait diablement dessous avant que le pendu remontât sur le pont.....

— Allons dîner, dit le Blondin en hâtant le pas et touchant la terre ferme, ça fait frémir d'y penser.

— Allons dîner, répéta Pornic en clignant de l'œil d'une façon toute voluptueuse.

Le soleil disparaissait sous la couche de brumes sanglantes qui bornaient l'horizon, quand les deux convives s'installèrent dans le jardin d'un petit traiteur qui avait écrit sur son enseigne :

*A la renommée des gibelottes.*

Le Blondin fit la carte, et Pornic dit au garçon :

— Vous m'apporterez la tête et les pattes du lapin.

— Pourquoi donc faire? demanda son amphitrion.

— Pour voir si ce n'est pas un chat.

Le Bas-Breton mangeait et ne buvait plus, — le Blondin buvait et mangeait peu : le vin ôte l'appétit.

— Ah çà, petit, fit soudain Pornic, t'as donc fait un héritage, que tu fais rouler à la grande les roues de derrière?

— Oui, dit le Blondin tout fier.

— Sans blague?

— Sans blague, répondit ce dernier en rougissant.

— Ah! dit Pornic, tu piques un pot de fard, mon fieu. C'est pas vrai...

— Mais si, mais si.... riposta le Blondin, se troublant de plus en plus.

— T'es pas confiant, petit, et c'est des bêtises...

— Mais quand je vous dis...

— Enfin, suffit! ça ne me regarde pas et je m'en bats l'œil... Mais, tel que tu me vois, j'ai eu assez d'entortillages avec la rousse pour être pas fier...

— Ah! murmura le Blondin; mais chacun sait ce qu'il sait. Vous voulez me faire causer...

— Oh! c'te bêtise. Puisque tu le prends ainsi, jasons d'autre chose.

— Pourquoi donc, continua Pornic, que tu ne travailles pas, fieu?

— Ça m'embête...

— Mais quand t'auras mangé ta grenouille...

— Oh! elle est grosse...

— Combien, petit, cinq cents?

— Ouat! exclama le Blondin, si vous disiez cinq mille.

— Ah bah!

— Et puis trois avec...

— Huit mille... Ah! brigand, as-tu de la chance! et où donc que t'as trouvé ce beau magot?..

— Je ne l'ai pas trouvé, je l'ai...

Un éclair de raison revint au Blondin, il brisa le bord de son verre avec ses dents et se tut...

— Et qu'est-ce que t'en vas faire? insista Pornic, qui parut n'avoir point remarqué cette réticence spontanée.

— Ah! dit fièrement le vaurien, j'ai de l'ambition, dame! je veux acheter une boutique d'épiceries.

— Oh! gredin! murmura le Bas-Breton avec l'accent d'une admiration profonde.

— Et j'aurai deux garçons avec ça!

— Filou! répéta joyeusement Pornic, dont l'enthousiasme allait crescendo. Veux-tu me prendre pour commis? Je sais lire un peu, j'écris par ci par là, et puis ce qui est tout dans un état : — j'ai la vocation.

Mon rêve c'est de manier à pleines mains des pruneaux, de la chandelle, et le reste, de puiser de la moutarde à même le pot, quoi!

Cette sortie stupide chassa du cerveau du Blondin le soupçon qui s'y était logé naguère, à savoir que Pornic voulait le faire *causer*.

Le reste du dîner fut sur le même ton, Pornic ne fit plus de questions, le Blondin fut sobre de confidences ; après le dîner on prit le café, après le café on fuma... bref, ils étaient à table encore qu'il était nuit complète et près de neuf heures.

— Je te fais un cent de piquet, dit alors Pornic.

— Merci, j'aime mieux dormir : nous allons coucher ici, n'est-ce pas?...

— Mais non, s'il te plaît, fieu...

— Et pourquoi?

— Pourquoi... pourquoi... fit Pornic dont l'imagination se cabrait soudain, mais dame!.. parce que j'ai affaire, moi...

— Et quoi donc?

Pornic hésita quelques secondes encore, puis une idée lui vint, il se pencha à l'oreille du Blondin et lui murmura quelques mots.

— Ah! parbleu, s'écria celui-ci d'une voix avinée, vous avez raison, vieux sournois, et j'en suis... Oh! là! là!

Et il se leva avec effort, jeta dix francs sur la table, s'appuya au bras de Pornic et sortit avec lui clopin-clopant.

La nuit était sombre et parfois pailletée de ces lueurs fulgurantes qui brillent dans le lointain, et que les paysans du midi de la France appellent, improprement du reste, des éclairs de chaleur. L'air était lourd et veuf de toute brise, les grillons étouffés se taisaient sous le chaume, la campagne était silencieuse, et le bruit confus de la grande ville, qui ronflait et commençait à s'assoupir de l'autre côté des buttes, arrivait à peine indécis et vague à l'oreille de nos deux noceurs.

C'était un mercredi, jour ouvrable, jour où les guinguettes chôment, — et les champs n'étaient point troublés de rires mutins et de refrains joyeux.

Aucun amoureux ne glissait dans l'ombre et le long des saulées, tenant enlacée à son bras une taille frêle et nonchalante; l'Amour pleurait en un coin, ses flèches renversées, comme le chasseur las et dépité d'une journée inutile.

Pornic seul entraînait le Blondin et murmurait entre ses dents :

— J'ai mon idée..., j'ai mon idée...; enfin, suffit !

Souvent le Blondin, alourdi par l'ivresse, disait :

— Arrêtons-nous un peu... reposons-nous...

Mais Pornic le tirait avec sa main de fer, et répondait :

— Il faut marcher.

Et Pornic ne chantait pas, Pornic ne parlait plus, Pornic avait des jambes de fer, et, à la lueur d'un éclair, le Blondin aperçut son visage et le trouva froid et sinistre.

Cette fois, il eut peur et voulut rétrograder ; mais Pornic le prit par l'épaule, le poussa rudement devant lui et lui dit d'un ton menaçant :

— Marche !

Ils étaient arrivée à l'entrée du pont jeté sur le ravin de Montfaucon. Alors Pornic s'arrêta et, sans lâcher le bras du Blondin, il tira une corde de sa poche. C'était cette magnifique corde neuve que nous lui avons vu prendre en partant.

— Qu'est-ce que vous voulez faire ? demanda la Blondin avec terreur.

— Marche toujours, tu verras.

Et Pornic l'entraîna dix pas encore, arriva au milieu du pont et s'arrêta :

— Petit, dit-il alors d'un ton goguenard, tu vois cette corde...

— Oui... Eh bien? fit le vaurien dont les cheveux se hérissaient.

— Eh bien ! mon bonhomme, elle est pour toi...

— Que voulez-vous dire ?...

— Qu'elle est pour te pendre. Oh! ne te fais pas de bile, elle est toute neuve, j'suis pas chien, moi, et j'fais pas comme en Normandie, où la même corde sert quelquefois pour toute une famille, j'fais les choses en grand, dà !

Et Pornic se prit à rire d'un rire strident, qui eût fait tressaillir les pendus des vieux gibets, si les gibets eussent encore été debout.

Et tout en parlant, et tenant toujours le

Blondin de la main gauche, Pornic noua sa corde par un bout à l'une des solives du pont, et fit à l'autre bout un nœud coulant.

— Voilà, dit-il.

Le Blondin, un moment paralysé par l'effroi, retrouva sa langue et cria en se débattant :

— Lâchez-moi, que vous ai-je fait ?... Lâchez-moi !

— T'es un bon enfant, repartit flegmatiquement Pornic, mais j'ai le faible d'aimer à pendre les gens... faut que je pende quelqu'un... c'est mon rêve, quoi !

— Mais... mais... hurlait le Blondin qui faisait des efforts désespérés pour se dégager de l'étau qui l'enclouait.

— Oh ! dit Pornic, je ne veux pas te faire attendre, tiens...

Et il lui passa le nœud coulant au cou.

— Maintenant, fit-il, je te donne trois minutes pour dire un *Pater* et un *Ave*...

Le Blondin tomba à genoux et demanda grâce du geste.

— Si t'as peur, reprit Pornic, il faut me dire bien gentiment d'où qu'il vient, ton magot.

— D'un héritage, hurla le Blondin, chez qui l'instinct cupide et prudent dominait encore celui de la conservation.

— Alors, mon bonhomme, fais ta prière, c'est des blagues.

Le Bas-Breton saisit le jeune homme sous l'aisselle et l'assit sur le parapet du pont.

— Une, deux... dit-il; à la troisième, si tu ne parles pas, je te lance.

— Je l'ai volé, murmura le Blondin d'une voix éteinte.

— Et à qui? demanda Pornic. Allons, vite ou je te lâche!

— Au patron.

— Et c'est toi qui as caché le portefeuille et le sac chez Bernard?

— Oui...

— Et où as-tu mis ton magot?

L'instinct cupide se fit sentir de nouveau, le voleur hésita à parler.

Mais Pornic l'enleva du parapet et le suspendit dans le vide.

— Quel crâne saut tu vas faire! dit-il d'un ton railleur.

Le Blondin poussa un cri, et, défaillant, murmura :

— Chez moi, sous une tuile du toit.

— Ah! fit Pornic en respirant bruyamment et reposant sa victime sur le plancher du pont. Maintenant, mon fieu, je te tiens.

Et il lui ôta la corde du cou, lui lia les mains derrière le dos, garda un bout de la corde dans sa main, et lui dit en le poussant brutalement devant lui :

— Marche, mon bonhomme, et si tu cries, je t'enfonce deux pouces de mon couteau dans les reins.

Pornic joignit l'action à la menace, et ouvrit un grand couteau breton qu'il avait rapporté jadis de Kerbrie. Mais le Blondin était épuisé de terreur et d'ivresse; il s'affaissa lourdement sur le sol.

— Bah! fit insoucieusement le Bas-Breton, je te porterai bien jusqu'à Paris. Quand tu seras dans les mains du commissaire et ton argent avec, quand je serai bien sûr que M. Bernard sortira de prison, — si je suis fatigué j'irai me coucher.

Pornic chargea le Blondin sur ses épaules et prit sa course à travers les ténèbres. On eût dit un démon de ballade allemande emportant aux enfers quelque châtelain damné !

FIN DE LA PREMIÈRE PARTIE.

# DEUXIÈME PARTIE.

## Marguerite et Carmen.

## I.

Trois mois se sont écoulés depuis les événements que nous venons de raconter; nous sommes au commencement de septembre, et un court délai nous sépare à peine de cette date mémorable, de ce jour si impatiemment attendu, où les cohéritiers et les collatéraux de la centenaire pourront enfin se partager les lambeaux du vaste héritage de Kerbrie.

Sur ces vertes collines qui dominent la rive gauche de la Seine entre Rueil et Bougival, madame de Willermez possédait une délicieuse villa, retraite charmante et mystérieuse, parterre embaumé où les grands marronniers éteignaient les rayons ardents du soleil, où le gazon épais et moelleux assourdissait le bruit des pas, — vrai nid de jolie femme, antre de lionne, où Monbro et Tahan avaient entassé leurs richesses, — sanctuaire au seuil duquel il fallait s'incliner et baiser la poussière, car cette poussière avait elle-même un parfum.

Madame de Willermez y passait l'automne d'ordinaire, recevant un petit nombre d'amis et donnant parfois quelque charmante fête à laquelle accouraient les femmes les plus belles, les hommes les mieux titrés et les plus à la mode de l'aristocratie et de la finance.

Cette femme dont nous ne connaissons encore qu'une face était bien la plus ravissante qui eût jamais fait son entrée au bal ou dans sa loge des Italiens. Aux yeux du monde, de ce monde indifférent et passionné, léger et capricieux, qui ne demande jamais autre chose qu'un visage riant, de l'esprit par bouffées et du plaisir à tout prix, la femme de marbre au front nuageux, à l'œil profond et sévère, disparaissait soudain, un sourire adorable glissait sur ses lèvres, elle avait un mot charmant pour tous, un regard indulgent et presque flatteur pour celles qui pouvaient à quelque titre être ses rivales aux yeux de la mode ; ceux qui l'avaient entrevue parfois, le sourcil froncé, les lèvres crispées, cherchaient alors vainement en elle les traces les plus imperceptibles d'un caractère passionné et sombre, ou d'une froide et menaçante impassibilité.

L'ange du mal, le démon aux formes séductrices, ne s'était révélé que pour un seul : Gaston. Aussi, quand elle arrivait dans un salon, un essaim étourdi de jeunes fats papillonnait autour d'elle, se disputait un sourire, un regard, un mot, le bout de ses doigts gantés de rose, un tiède soupir de son haleine, une boucle vagabonde de ses cheveux de jais qui frôlait, au milieu du tourbillon d'une valse et sous la pluie perlée et enivrante de l'orchestre, le visage enflammé du danseur.

Cette femme qui n'aimait pas était reine en coquetterie, elle répandait à plaisir autour d'elle de magnétiques émanations; sous ses longues paupières brillaient, fauves et rapides, des éclairs ardents qui fouettaient le corps et le cœur ; elle écoutait tout, tout, jusqu'aux fades compliments, jusqu'aux absurdes déclarations que les jeunes gens de notre époque badigeonnent de sot esprit et de déplorables calembours; à tout elle répondait par un rire fin et moqueur, indulgent et provoquant à la fois; elle mettait à nu l'ivoire de ses dents, elle savait poser ses belles mains d'une certaine manière qui étourdissait, elle possédait à un degré suprême l'art de faire trouver affreuses et gauches par la comparaison les femmes auxquelles Paris entier avait décerné d'enthousiasme la pomme de la beauté et de la grâce.

Et puis comme elle aimait le plaisir en apparence, comme elle était de toutes les fêtes, de tous les spectacles, de tous les concerts, de toutes les causeries frivoles, puériles, toutes choses qui occupent seules d'ordinaire les petites maîtresses du grand monde ou du théâtre !

Cette légèreté d'humeur et d'instinct chassait bien loin de tous la pensée que cette frêle et ravissante créature avait le génie compliqué de Machiavel, et passait une moitié de sa vie à tenir les fils d'une intrigue infernale dont les ressorts étaient dignes de la cour d'assises. Or, ce jour-là, c'est-à-dire le 4 septembre 1840, madame la baronne de Willermez recevait dans sa maison des champs.

Il devait y avoir un grand dîner, après le dîner bal dans le parc, sous les marronniers, et à la lueur de girandoles et de lanternes vénitiennes d'un merveilleux effet de ton et de lumière.

Le faubourg Saint-Germain et la Chaussée d'Antin : la noblesse de parchemins et la noblesse de coffre-forts, étaient conviés.

— Les salons de madame de Willermez étaient un champ neutre où ces deux grands pouvoirs toujours hostiles l'un à l'autre, se rencontraient et dansaient au même quadrille sans se contempler d'un œil couroucé.

On disait même tout bas que parfois dans les salons de la jeune baronne il se trouvait quelque peu de *marchandise mêlée*, c'était l'expression. Mais les vieillards et les douairières s'en préoccupaient seuls, les jeunes gens leur fermaient la bouche par ces mots :

— Elle est à la mode ; elle peut faire ce qui lui plaît.

Ou bien encore par ceux-ci :

— Nous avons accepté la bourgeoisie en

politique, dansons avec elle et rions de ses ridicules.

Il était alors cinq heures environ. Le dîner était pour sept, et madame de Willermez se trouvait seule encore, demi-couchée dans un vaste fauteuil qu'on avait roulé sur la terrasse de la villa.

La journée avait était superbe, le couchant était splendidement et bizarrement nuancé de pourpre et d'opale; les derniers rayons du soleil couvraient de rubis le vert feuillage des grands arbres; les murs de brique et les vitraux du vieux château de Saint-Germain flamboyaient dans l'éloignement; et la chanson des débardeurs qui descendaient la Seine venait se heurter indécise aux murs de la villa.

La tête renversée, l'œil vague et noyé d'une mélancolie suprême, madame de Willermez rêvait. On eût dit une jeune pensionnaire échappée à peine du cloître, et songeant à quelque beau et brun visage entrevu un soir entre les épais barreaux du parloir ou les grilles prudentes de la cellule.

Parfois un valet venait l'interrompre et prendre des ordres ; — le valet parti, elle retombait dans sa méditation silencieuse :

— Cinq heures ! dit-elle soudain, écoutant le timbre sec de la pendule d'un salon voisin, et personne encore ! j'ai hâte cependant de voir des visages indifférents ou gais, peu m'importe. Car je subis je ne sais quelle influence pernicieuse qui vient me murmurer d'étranges choses. La nature a d'incompréhensibles perfidies, elle vous jette tout-à-coup au milieu d'un tourbillon de pensées graves et mélancoliques qui dérangent singulièrement les froids calculs de la raison. Ce silence, ce soleil couchant, ces voix mystérieuses du soir agissent sur mes nerfs d'une façon déplorable; je serais tentée de croire que ce niais de Gaston m'a inoculé sa poétique maladive et que, tout comme une autre femme, j'ai la fibre de l'amour au fond du cœur.

Sotte ! ne vais-je pas me laisser attendrir par les soupirs de ces ramiers qui voltigent sur le toit, par ce refrain de pêcheurs qui m'arrive confus, par...

Au fait ! s'écria-t-elle avec impatience, qu'est-ce que l'amour ? un peu de fièvre intermittente, une maladie qui tue l'ambition. Pourquoi aimerais-je ? — Et puis qui aimerais-je ? je ne vois autour de moi que sottise et fatuité; pas même un type, pas l'ombre d'un homme !

Pour aimer, il me faudrait trouver un être dont la voix, le geste, le regard eussent un accent de domination souveraine :

cet être tout relatif n'existe pas pour moi, je dominerais Satan lui-même.

J'ai bien songé tout-à-l'heure, pauvre niaise, à Gaston, dont je suis l'invisible et implacable ennemie, je me suis bien dit un moment que je pouvais, que j'aurais pu surtout m'épargner mille émotions, mille périls, mille intrigues mystérieuses et sourdes, éviter de ces actions douteuses que notre société nomme des crimes; ne jamais pactiser avec tous ces hommes abjects ou criminels, habiles ou vulgaires, dont j'ai fait les ressorts de ma volonté, — et posséder cependant ce vaste héritage, cette fortune doublée par l'accumulation des revenus : oui, je pouvais tout cela en épousant Gaston, Gaston eût tout mis à mes pieds.

Mais alors que devenaient mes rêves, mes projets d'ambition ? Gaston est un poète, un enfant qui n'aura jamais l'énergie d'être fort, et qui est trop supérieur pourtant, qui a trop d'esprit pour faire une de ces nullités importantes avec lesquelles compte un pays entier.

Avec Gaston, une fortune, — rien de plus; — avec M. de Maucroix, un avenir immense! Ce gros homme médiocre, ce sot pétri d'audace, j'en ferai mon esclave, je le manierai comme un cavalier habile manie sa monture; je le pousserai à tout! Il est riche déjà à près de trois cent mille livres de rentes; nos deux fortunes réunies donneront plus d'un million de revenu : il est député, il sera pair, il deviendra ministre!... Ou plutôt, ajouta-t-elle avec un sourire, c'est moi qui serai tout cela.

Et puis...

Un sourire cruel vint aux lèvres de madame de Willermez. — Et puis, continuat-elle, il a deux filles, et j'en ferai mes jouets...

Un roulement de voiture l'interrompit, la grille du parc s'ouvrit et livra passage à une calèche qui vint s'arrêter devant le perron, aux pieds de la jeune femme qui se leva et descendit aussitôt.

Un homme chauve et grave, que nos lecteurs reconnaîtront aisément pour M. de Maucroix, occupait le siége de devant ; deux petites filles de dix à douze ans lui servaient de vis-à-vis. S'il y avait quelque chose de joli, de gracieux, de séduisant au monde, c'était à coup sûr ces deux enfants.

Elles avaient entre elles une frappante ressemblance, et cependant l'une avait de grands yeux noirs, et des cheveux d'un blond cendré, le teint pâle et mat des Anglaises. L'autre avait un œil bleu foncé, doux et fier en même temps, et, contraste rare, des cheveux d'un noir d'ébène, des lèvres d'un rouge de sang.

Et pourtant, c'étaient mêmes traits, même expression, même sourire. Seulement, l'une était plus sérieuse, plus mélancolique, moins pétulante et moins vive dans ses allures et sa démarche : c'était la blonde.

Sous l'enfant perçait déjà la jeune fille, une jeune fille rêveuse et contemplative qui devait préférer les soirs solitaires au revers d'une colline ou sur la berge d'un ruisseau aux enivrements du bal, la chanson monotone et plaintive de la nature qui s'endort aux accords bruyants de l'orchestre, aux rires étincelants de la foule.

L'autre, au contraire, avait l'œil rayonnant, le rire frais et moqueur, la démarche presque bruyante, elle chantonnait sans cesse et avait dans tout son être un je ne sais quoi de viril et de délibéré qui plaisait. Son front blanc et veiné de bleu se plissait avec une mutinerie charmante à la moindre contrariété, ses petites mains rosées déchiraient à plaisir le gant qui les couvrait.

Toutes deux portaient un nom qui leur seyait à ravir : la blonde s'appelait Marguerite, la brune Carmen.

Marguerite descendit la première de la calèche avec lenteur et s'appuyant sur le bras de son père, Carmen s'élança à terre d'un bond, et l'une et l'autre allèrent présenter leur front à madame de Willermez, qui les baisa avec effusion et leur dit en prenant le bras de M. de Maucroix :

— Allez jouer, enfants.

Marguerite et Carmen se prirent par la

main et s'enfoncèrent sous les allées ombreuses du parc. Alors madame de Willermerz dit au comte :

— Eh bien? que s'est-il passé hier?

— D'abord, le Blondin s'est évadé.

— C'est une évasion qui nous coûte assez cher. Mais il pouvait parler et son silence nous était indispensable.

— Ensuite? Bernard?

— Bernard, reconnu innocent du vol, a été condamné à quinze jours de prison pour port illégal d'uniforme.

— Quinze et quatre font dix-neuf, et le testament sera ouvert quand il sortira de prison. Celui-là ne nous gêne plus.

— D'accord, mais il a pu communiquer avec Pornic.

Madame de Willermez fronça le sourcil.

— En êtes-vous sûr?

— Non, mais Karnieuc, que j'ai vu ce matin, prétend que Pornic a passé la soirée au guichet de la Conciergerie.

— Voici qui devient inquiétant.

— Heureusement, continua M. de Maucroix, Pornic n'a jamais vu Gaston.

— Et, fit madame de Willermez, il le croit en Suisse. Au reste, j'attends Bachelet et Karnieuc ce soir ; je leur donnerai des ordres précis à tous les deux.

M. de Maucroix et madame de Willermez furent interrompus par l'arrivée de Karnieuc. L'ex-intendant était soucieux et était venu au galop de Paris.

— Qu'y a-t-il encore ? demanda madame de Willermez.

— Ceci, fit laconiquement Karnieuc en lui tendant un papier graisseux et chiffonné, dont voici le contenu, sauf l'orthographe :

« Mon cher patron...

— Insolent ! avait murmuré Karnieuc à cette appellation amicale.

» Me voilà dehors. C'est bien. Mais comme on m'a repincé le magot et que je n'ai plus une once de douille, je vas aller trouver le juge d'instruction, me faire réintégrer dans le bocal à fripons et demander qu'on vous envoie me tenir compagnie, à moins que vous ne vouliez vous charger de me faire tenir une dizaine de billets de mille, et un passe-port pour la frontière, auquel cas je remettrai proprement mon chiffon rouge dans ma poche.

» Votre très-obéissant serviteur,

Le Blondin.

— Comprenez-vous pareille insolence?

exclama Karnieuc, lorsque madame de Willermez eut lu à demi-voix la lettre du Blondin.

— Je la comprends et je l'approuve, fit sèchement la jeune femme.

— Voilà qui est singulier, par exemple ! s'écria monsieur de Maucroix. Vous l'approuvez ?

— J'approuve toujours les gens qui savent tirer d'une situation toutes les ressources imaginables. Ce garçon-là est un homme précieux. Envoyez-lui ses dix mille francs, vous, monsieur Karnieuc ; et vous, monsieur de Maucroix, chargez-vous d'obtenir une passe-port pour un de vos domestiques, que vous ferez ensuite, moyennant quinze francs, viser à tous les consulats par le garçon de bureau du ministère de l'intérieur.

Le baron et le député s'inclinèrent.

— Voilà un obstacle renversé, un danger paré, dit la jeune femme; avisons à ceux qui nous menacent encore.

Mais six heures venaient de sonner, plusieurs voitures entraient dans le parc, et force fut à madame de Willermez de donner un autre rendez-vous à ses deux complices. Elle avait à remplir des devoirs de maîtresse de maison.

A sept heures, les convives, au complet, se mirent à table; mais presque aussitôt un laquais vint annoncer à madame de Willermez qu'un monsieur de Paris demandait à lui parler.

— Son nom? fit-elle tout bas.

— Bachelet, répondit-on.

Madame de Willermez se leva sans mot dire et passa dans un petit salon où le Bas-Normand l'attendait.

— Que me voulez-vous? demanda-t-elle.

— Je viens vous dire que M. Gaston, qui ne bougeait pas de chez lui depuis que j'habite l'hôtel, est sorti hier et aujourd'hui toute la journée ; il paraît très-affairé et il a le visage tout content.

En outre, continua Bachelet, j'ai rencontré deux fois Pornic qui rôdait aux environs de la rue du Bac.

Madame de Willermez frissonna :

— Restez là, dit-elle, et attendez-moi. Je reviendrai vous joindre après le dîner.

Elle rentra calme et souriante au milieu de ses convives, et prit la place de maîtresse de maison ; — mais elle était à peine assise que la porte s'ouvrit encore, et le vieux nègre annonça : — M. Gaston.

C'était bien lui, lui pâli par trois mois d'un travail opiniâtre, mais l'œil brillant d'un feu enthousiaste et si beau dans son attitude à la fois mélancolique et fière, qu'un murmure d'admiration courut dans la salle quand il la traversa pour aller baiser la main de madame de Willermez.

# L'œuvre d'art.

II

II.

L'admiration que Gaston excita parmi les hôtes de madame de Willermez était réellement méritée, et c'était un beau cavalier plein de distinction. La tradition de province qui s'obstine à nous peindre les poètes comme gens à tournure vulgaire, habit éraillé et cheveux longs et gras, se fut trouvée en défaut en face de ce type charmant.

Gaston était mis avec une simplicité exquise : un pantalon noir un peu large tombant à pic sur les bottes vernies, une redingote de même couleur boutonnée, une fine chemise de batiste, une cravate blanche et des gants noirs : c'était tout son costume. Il portait des cheveux taillés à la hauteur de l'oreille, ses moustaches brunes et soyeuses arquaient admirablement ses lèvres, et une royale étroite comme une virgule couvrait à demi une charmante fossette qu'il avait au menton.

Tout jeune qu'il pût être, Gaston avait déjà ce qu'on appelle en littérature un *nom*. On lisait ses romans, on allait voir ses pièces, la critique daignait le mordre à belles dents et il avait le bonheur d'avoir des amis qui ne dormaient point quand il obtenait le moindre succè. Par suite de ses relations et du jour où sa plume était devenue réellement lucrative, il s'était trouvé lancé dans le monde aristocratique et financier, son esprit avait cours dans les salons, on goûtait sa manière de boire le vin de Champagne, et les femmes aimaient cette teinte mélancolique que ne perdait jamais son visage même quand il jetait par bouffées au milieu d'un souper joyeux d'étourdissantes et paradoxales saillies.

Pour le vulgaire, pour la foule, ce simple nom de Gaston était un pseudonyme derrière lequel s'abritait la modestie du gentilhomme : pour les initiés, pour les habitués de l'hôtel Willermez où on le voyait tous les hivers, sa vie aventureuse, sa naissance enveloppée d'un mystère, ajoutaient à l'intérêt que son âge et son talent inspiraient.

Pour quelques-uns enfin, — le nombre était restreint, il est vrai, — madame de Willermez n'était point insensible à ses hommages, et il y avait plus de gens qui croyaient à un mariage futur entre elle et lui qu'à l'union projetée de la jeune baronne et du comte de Maucroix, dont on commençait cependant à parler tout bas. La disparition subite du romancier, il y avait trois mois, avait été remarquée dans le monde où vivait madame de Willermez, le bruit avait couru qu'il était en Suisse, en sorte que lorsqu'on entendit prononcer son nom et qu'on le vit entrer, à l'admiration qu'il excita d'abord succéda soudain une vive curiosité.

Mille questions se croisèrent :

— D'où venez-vous?

— Revenez-vous de l'autre monde?

— Est-ce vous-même ou votre ombre?

Gaston répondit simplement :

— Je me suis celé pour travailler.

— Alors, dit une dame, qui avait toujours pour le poète un regard bien doux et bien mélancolique, il paraît que vous avez hâte de mourir à la tâche?

— Pardon, j'ai hâte de quitter le boulevard pour la rue Richelieu. J'ait fait une pièce.

— Une tragédie?

— Oh! non, dit-il en riant, je sais mal le grec. C'est une comédie.

— Une comédie historique?

— Non, de mœurs.

— Et qui sera jouée?

— Elle a été lue hier aux sociétaires; elle est à la copie aujourd'hui, et la première représentation est fixée au treize de ce mois.

— C'est merveilleux !

— Mon Dieu ! fit-il modestement, nous sommes encore en été et la Comédie-Française garde ses chefs-d'œuvre pour l'hiver.

Gaston prit place à la gauche de madame de Willermez, et lui dit tout bas :

— J'ai failli mourir...

— Comment donc? fit-elle avec inquiétude.

— Oui, on a parlé un moment de garder ma pièce pour le mois de janvier.

— Cela eût mieux valu peut-être, répondit sèchement la jeune femme.

Ces mots allèrent au cœur de Gaston.

— Vous êtes donc toujours la même, dit-il, impitoyable et railleuse ?

— Cher, murmura-t-elle bien bas avec

un accent de suave tendresse, vos épreuves vont finir, pardonnez-moi...

— Vous viendrez, n'est-ce pas? Vous assisterez à la première représentation?

— Ingrat! quelle question me faites-vous?..

— Oh! continua-t-il en s'animant, si vous saviez comme j'ai travaillé !

— On se levait alors de table.

— Vous êtes un homme de génie, répondit madame de Willermez en s'appuyant nonchalamment sur son bras.

— Non, fit-il simplement, je n'ai ni talent ni génie : je vous aime...

— Et moi, dit-elle tandis qu'ils descendaient au jardin où déjà s'allumaient sous les massifs les girandoles de la fête, et comme ils tournaient un massif dont l'ombre les protégeait, — et moi, dit elle en effleurant le front du poète de ses lèvres et des boucles de sa chevelure, moi... je t'aimerai.

Le cœur de Gaston bondit, le vertige voila son regard une seconde, — puis, au moment où les préludes de l'orchestre frémissaient sous le feuillage, il l'entraîna, palpitant et le front baigné de sueur, en lui disant :

— Valsons ensemble...

La fête était charmante, les musiciens étaient cachés dans un massif, les lanternes vénitiennes, semées çà et là, jetaient leur clarté fantastique sur les grands arbres et se mêlaient à la lumière blanche et tremblotante de la lune, les fusées s'élançaient en gerbes de tous les points du parc, la façade tout entière de la villa était illuminée; il y avait dans tous les cœurs et sur chaque visage un rayon de bonheur sensuel et mélancolique à la fois, et quand ce chef-d'œuvre inimitable, ce cantique des cantiques, cet hymne qui vaut mieux que toutes les partitions du monde et qui a nom la dernière pensée de Weber, vint faire tressaillir chaque couple et donner une impulsion générale, Gaston entraîna madame de Willermez haletante, sans voix, l'œil noyé de langueur, la tête inclinée sur son épaule, et presque tous les valseurs s'arrêtèrent soudain, le cercle des spectateurs se forma et se rétrécit et tous les regards s'attachèrent brillants d'enthousiasme sur cet homme et cette femme, beaux tous deux, tous deux jeunes, s'aimant sans doute en secret et qui semblaient en ce moment la vivante personnification de la grâce et de l'amour étroitement enlacés.

Et dans l'ombre, à quelque distance, assises sur le gazon, deux jeunes filles, deux enfants, Marguerite et Carmen, se tenant par la main, contemplaient le visage pâle et baigné de sueur de Gaston, et toutes deux se disaient avec une naïve joie :

— Qu'il est beau! qu'il est beau!

Pendant un quart-d'heure, pareil à l'amant de Lénore, Gaston emporta dans ses bras madame de Willermez, dont les paupières s'étaient abaissées, et qui, renversée sur le bras de son danseur, enivrée par les furies harmonieuses de l'orchestre, semblait avoir perdu la conscience de cette voluptueuse situation; puis l'orchestre se tut, les dernières notes allèrent s'assoupir sous les branches feuillées du parc, Gaston fit trois tours encore, et alla déposer presque évanouie sur un banc de verdure cette femme de marbre, que les magnétiques et ardents frissons de la danse avaient galvanisée pour une heure.

Elle demeura quelques minutes brisée, ployée, affaissée sur elle-même, puis un souffle d'air baigna son front; elle se leva encore rougissante, mais calme, et elle prit le bras de Gaston pour sortir un moment de la foule et respirer.

— Partez, lui dit-elle.

— Pourquoi partir ?

— Parce que je vous aime... et que vous me tuez, cruel enfant... Si vous restez, j'oublierai tout, je ne verrai que vous, je n'entendrai que vous... Et, ajouta-t-elle avec un sourire à damner un saint, je suis maîtresse de maison, et la foule ne sait pas mon amour...

Gaston chancela.

— Oh! dit-il, je pars, car si vous me

parliez une minute encore, je crois que je mourrais de joie.

— Vivez pour moi, — lui dit-elle.

Il posa ses lèvres sur le bras nu de la jeune femme.

— Vous reverrai-je avant le jour fatal ?

— Dites le jour béni... non, je veux que vous me désiriez encore huit jours...

— Huit siècles !

— Gaston, murmura-t-elle, vous êtes insatiable...

— C'est vrai... je pars.

— Prenez ma calèche, car vous avez sans doute renvoyé votre voiture.

Elle l'attira derrière un tronc d'arbre, lui mit un baiser sur le front et répéta ce seul mot :

— Partez !

Gaston s'enfuit, ivre de bonheur.

Et les deux petites filles, la blonde Marguerite et la brune Carmen, ne le voyant plus dans le bal, le cherchèrent longtemps des yeux, coururent dans toutes les directions, et ne le trouvant point, elles devinrent tristes et pensives, et se dirent :

— Pourquoi danse-t-on encore, puisqu'il n'y est plus !

Pendant ce temps, Gaston était parti et courait, de toute la vitesse des chevaux anglais de madame de Willermez, sur la route de Paris.

Mais il était à quelques centaines de pas seulement de la villa, lorsque le cocher, qui était ivre, dérailla et engagea l'une de ses roues dans une ornière profonde.

— Au secours ! je verse ! cria aussitôt l'Automédon effrayé.

Gaston sauta à terre, et, en même temps, un homme qui venait de Rueil et marchait rapidement, s'arrêta pour prêter son aide à l'équipage embourbé. Cet homme était un Hercule, sans doute, car il souleva la roue sans effort et porta presque la calèche dans le milieu de la chaussée.

— Merci, mon ami, dit Gaston en lui jetant une pièce d'or.

— Reprenez votre or, mon jeune monsieur, répondit l'inconnu, je ne me fais jamais payer un service.

— Alors, dit Gaston en lui tendant la main, donnez-moi votre bras et aidez-moi à remonter en voiture ; je crois que je me suis luxé le pied.

— Volontiers, fit l'inconnu, appuyez-vous sur mon épaule.

Gaston reprit sa place dans la calèche, et un rayon de lumière parti des lanternes du siége, tomba sur son visage ; en même temps l'inconnu aperçut ce visage et poussa un cri.

Mais soudain le cocher fouetta ses chevaux et la calèche repartit rapide.

L'inconnu demeura attéré et anéanti pendant quelques secondes, puis tout-à-coup il s'écria :

— Il ressemble trop bien au portrait pour n'être point le fils de Kerbrie !

Et il prit sa course et se mit à poursuivre la calèche en criant : Arrêtez ! Mais la calèche continuait sa route et filait comme une flèche... Achille *aux pieds légers* lui-même n'eût pu l'atteindre !...

# Une mauvaise rencontre.

III

## III.

Il était deux heures du matin environ ; les lustres de la fête s'éteignaient, les voitures reprenaient au galop le chemin de Paris ; les hôtes de madame de Willermez désertaient le parc, et cette dernière, après un mystérieux conciliabule avec le comte Karnieuc et Bachelet, cette dernière, disons-nous, était demeurée au fond d'un petit pavillon perdu dans une touffe d'arbres et dans lequel avait eu lieu l'entretien.

Le comte était parti avec ses filles, Karnieuc avait donné une place dans son coupé à maître Bachelet.

Madame de Willermez secoua un cordon de sonnette qui correspondait avec la villa, un valet vint peu après, et elle dit :

— Apportez-moi du thé et le pupitre qui est dans mon boudoir.

Quand elle fut servie, elle congédia le valet, ouvrit le pupitre et en tira un dossier volumineux, qui n'était autre qu'une copie minutieuse des titres de propriété du château de Kerbrie, de ses dépendances et du reste de la fortune de la baronne centenaire.

— Additionnons, dit-elle en prenant une plume. Le baron Hector-Enguerrand de Kerbrie jouissait, lors de son mariage, de cent soixante-sept mille cinq cents livres de revenu, représentés par le château de Kerbrie et ses dépendances; la terre châtellenie de Notre-Dame-sous-Bois, le manoir de Ploërnic, en Morbihan, et le prieuré de Belle-Fontaine. Madame de Kerbrie lui apporta en dot une somme liquide d'un million cinq cent mille francs, c'est-à-dire soixante-quinze mille livres de rentes, placées par maître Kerkarakadec, notaire à Quimper, en bons du Trésor. Le baron de Kerbrie avait donc, en 1780, un revenu de deux cent quarante-deux mille cinq cents livres.

Cette fortune, réduite par des pertes

considérables pendant la révolution.....

Madame de Willermez s'interrompit brusquement et prêta une oreille inquiète... Il lui semblait avoir entendu le sable de l'allée qui conduisait au pavillon craquer sous un pas assourdi.

Elle demeura muette un moment, puis se leva et alla coller son œil aux persiennes. Elle ne vit rien et la nuit était silencieuse.

— C'est une illusion, pensa-t-elle.

Et, se rasseyant, elle continua :

— Cette fortune réduite, lors de la révolution, à cent quatre-vingt-seize mille livres environ de revenu, s'augmenta graduellement jusqu'en 1820 et monta au chiffre de trois cent trente-deux mille livres de rentes...

Madame de Willermez s'arrêta encore... une ombre venait de passer entre les rayons de la lune qui pénétraient dans la pièce et les persiennes.

— Qui est là ? demanda-t-elle vivement en courant une fois encore à la fenêtre.

— Décidément, se dit-elle, je rêve tout éveillée. Poursuivons : — En vingt ans un capital double : trois cent trente-deux mille livres multipliées par deux donnent six cent soixante-quatre...

Un bruit sec, celui d'une fenêtre qu'on enfonce, retentit soudain, et la jeune femme se leva brusquement et se retourna effrayée...

Il y avait un homme tranquillement enjambé sur la fenêtre du pavillon, ayant à la main un magnifique couteau breton long de six pouces.

— Qui êtes-vous ? s'écria-t-elle, et que me voulez-vous ?

— Je veux vous parler, répondit

flegmatiquement l'homme au couteau.

La figure de l'étrange visiteur était perdue dans la pénombre que projetait l'abat-jour de la lampe ; madame Willermez releva l'abat-jour et poussa un cri.

— Pornic ! murmura-t-elle en pâlissant.

Pornic, c'était lui, alla bravement à elle et lui dit :

— Si vous criez, je vous tue.

Et il lui mit la pointe de son couteau au visage.

— Que me voulez-vous donc ? demanda d'une voix troublée madame de Willermez.

— Je veux les titres et les papiers de famille du fils de Kerbrie !

Et Pornic prononça ces mots d'un ton ferme et résolu qui terrifia madame de Willermez, au point qu'elle se laissa tomber défaillante sur un siége.

# Le magot de Blondin.

## IV.

Avant d'aller plus loin et pour expliquer la présence de Pornic à cette heure avancée de la nuit dans le pavillon où travaillait madame de Willermez, il nous faut revenir sur nos pas et analyser rapidement les trois mois qui venaient de s'écouler.

Nos lecteurs n'ont point oublié sans doute cette fameuse soirée où le Blondin faillit clore son épopée bourgeoise à l'aide d'une corde neuve sous le pont de Montfaucon ; et nous avons, je crois, laissé Pornic au moment où il emportait demi-mort sur ses épaules le futur épicier.

Pornic avait le pied léger quand il portait des bottes fines comme ce jour-là ; il traversa les buttes Saint-Chaumont au pas accéléré, descendit la rue de Paris à Belleville en courant, répondit aux gardiens de l'octroi qui, à la barrière, s'étonnaient de le voir porter un homme, que cet homme était ivre, et il arriva ainsi jusqu'à la maison du boulevard des Filles-du-Calvaire.

— Maintenant que te voilà remis, dit-il

au Blondin, monte, petit, et viens me déterrer le magot.

Le Blondin, qui sentait encore à son col le désagréable contact du chanvre, obéit sans mot dire. Ils arrivèrent l'un et l'autre dans la mansarde, Pornic ferma la porte à double tour, mit la clef dans sa poche, puis ouvrit la fenêtre en tabatière et grimpa sur le toit.

— Voyons la tuile, dit-il.

Le Blondin avait dit vrai. Aux premières clartés de l'aube, Pornic découvrit soigneusement enveloppés dans des chiffons les billets de banque et la plus grande partie du numéraire disparu quelques jours auparavant de la caisse de Perrussin.

— Bon, dit-il; maintenant ton affaire est claire, mon petit.

Et, au lieu de prendre l'argent, il le laissa en place, revint au Blondin, le garrotta avec la fameuse corde neuve, le coucha au milieu de la mansarde et à distance de tout meuble, puis s'en alla, après avoir soigneuesment tiré et fermé la porte sur lui.

Alors il se rendit tout droit chez Perrussin, le fit lever et lui dit, tandis que le bonhomme, à moitié endormi encore, se frottait les yeux :

— Patron, votre argent est retrouvé.

— Mon argent retrouvé! s'écria Perrussin, qu'est-ce tu me chantes là?

— La vérité, patron.

— Mais tu rêves !

— Si vous voulez vous en assurer...

— Comment, si je le veux?

— Eh ben, patron, faut venir faire un tour avec moi...

— Et où, s'il te plaît?

— Jusqu'à la mansarde du Blondin.

— Le Blondin ? ce serait lui ?

— J'en ai peur.

— Et tu en es sûr ?

— A preuve que je viens de compter vos billets. Ils y sont tous. Dame ! pour les écus, c'est différent, il y a une bonne brèche... mais enfin... Et puis, tenez, en v'là toujours deux...

Et Pornic tire de son gousset les dix francs que lui avait prêtés le Blondin la veille.

— Il manque, dit-il, vingt-quatre sous; mais vous les marquerez sur mon compte.

Perrussin trouva le Blondin pieds et poings liés, puis son argent sous la tuile; et il poussa un hurlement de joie.

— C'est pas le tout, dit Pornic.

— Que veux-tu ?

— Pardine ! je veux faire arrêter ce gars-là.

— J'y compte bien, dit Perrussin, poussant du pied le Blondin muet de terreur.

— Il ne faut pas que M. Bernard soit en prison plus longtemps.

— Pauvre Bernard... murmura Perrussin. Ah ça, mais pourquoi avons-nous donc trouvé mon portefeuille et mon sac chez lui...

— Pourquoi ? pourquoi?... dit Pornic, c'est difficile à savoir... Au fait, s'écria-t-il en se frappant le front, nous allons bien voir... Je vas repondre un peu le Blondin... ça le fait parler, dame !

Et Pornic prit un bout de la corde et fit un nœud...

Le Blondin n'attendit point qu'il eût fini :

— C'est moi qui les avais cachés, murmura-t-il.

— Ah ! gredin ! hurla Perrussin, et moi qui ne t'avais jamais soupçonné !

— Ça prouve, fit ironiquement Pornic, que vous êtes un finaud, patron Eh ben ! moi, voyez-vous, je suis pas fin, mais j'avais deviné tout de suite que c'était ce gône-là qui avait fait le coup... Les blonds, c'est toujours canaille !

— Merci, dit Perrussin, dont les cheveux étaient couleur de filasse.

— Oh ! dit Pornic, je ne dis pas ça pour les Bretons. Les Bretons sont honnêtes, on le sait...

— Ça, fit Perrussin, menons le gars chez le commissaire...

— M'est avis, murmura Pornic, que mieux vaudrait que le commissaire vînt ici. Allez le chercher, patron. Moi je reste pour garder le gône.

— Tu as raison, dit Perrussin, en se précipitant dans l'escalier.

Le commissaire arriva bientôt précédé de Perrussin et suivi de deux agents; il dressa procès-verbal, constata que l'argent avait été caché sous la troisième tuile à droite, à six pouces environ de la fenêtre, que les chiffons qui l'enveloppaient étaient gris et attachés par une ficelle bleue. Il constata, en outre, que le Blondin était garrotté; ce qui, selon lui, embrouillait sensiblement les choses et prouvait une scène de violence *inutile*.

— Dame ! s'écria Pornic, j'aurais bien voulu voir comment que vous vous y seriez pris, vous, monsieur le commissaire...

— Toute scène de violence constitue un délit, répondit imperturbablement le magistrat, je vous arrête.

Et il saisit l'argent comme nouvelle pièce de conviction, arrêta Pornic et le Blondin et les envoya au dépôt de la préfecture.

Ce brave commissaire de police était d'une perspicacité peu commune.

Quant à Perrussin qui, un moment, avait cru ressaisir son argent, il s'en alla grommelant et désappointé.

L'affaire fut déférée immédiatement à un juge d'instruction, lequel fit relâcher Pornic au bout de huit jours et déféra à la cour d'assises le Blondin, sans toutefois faire mettre Bernard en liberté; son innocence n'était point suffisamment établie.

Le Blondin attéré durant quelques jours se prit à songer enfin qu'il pouvait tirer un bon parti de sa position désespérée, et il fit savoir à M. le baron de Karnieuc qu'il était prêt à faire des révélations compromettantes si l'on ne venait à son aide.

Avec le secours du comte de Maucroix et de madame de Willermez, M. le baron gagna la geôle à prix d'or, et parvint par le faire évader le soir même de sa condamnation à dix ans de travaux forcés. Bernard reconnu innocent du vol, se croyait libre désormais, mais il fut renvoyé devant la sixième chambre de police correctionnelle, condamné à quinze jours de prison pour port illégal d'uniforme et transféré à Saint-Pélagie. Ce fut alors que Pornic, qui n'avait pu jusque-là communiquer avec lui, obtint la permission de le voir.

— Gars, lui dit aussitôt Bernard, c'est aujourd'hui le 3 septembre.

— Eh bien?

— Eh bien, c'est le quinze que le testament de feu madame la baronne sera ouvert, et nous n'avons pas retrouvé Kerbrie. Il faut que je sorte d'ici.

— C'est difficile avant quinze jours, monsieur Bernard.

— Écoute, tu te souviens de notre brave colonel?

— Qui est comme qui dirait général maintenant, hein?

— Et député, gars!

— Eh bien?

— Tu vas chercher son adresse et l'aller trouver.

— Bon. Après?

— Après, tu le prieras, tu te mettras à genoux s'il le faut, tu le supplieras de me venir voir.

— Très-bien! j'y cours.

— Attends donc, gars, ce n'est pas tout

— Que faut-il encore, monsieur Bernard?

— Tu sais, cette petite dame chez qui on m'a arrêté?

— Ah! oui, la jolie dame mignonne qui devait si bien vous faire sortir...

— Et à qui j'ai eu l'imprudence de confier les papiers de Kerbrie.

— Oui, monsieur Bernard.

— Cette petite dame, mon gars, est intéressée plus que tout autre à ne jamais les rendre...

— Pas possible!...

— Vois-tu, quand on m'a emmené, j'ai vu entrer Bachelet chez elle... Bachelet, tu comprends?

Pornic frissonna :

— Oh! dit-il, si elle connaît Bachelet, ce n'est pas grand'chose de bon, pour sûr.

— Eh bien ! dit Bernard, il faut que tu ailles chez elle.

— C'est que, dit Pornic en se grattant l'oreille, je suis allé vingt fois chez elle, et on m'a toujours répondu qu'elle était à la campagne.

— Fût-elle au diable, il faut que tu la trouves !

— C'est bon, on la trouvera. Après ?

— Après, tu la sommeras de te rendre les papiers.

— Et si elle refuse ?

— Tu la tueras, répondit froidement Bernard. Kerbrie avant tout !

— Je comprends, dit Pornic.

— Et quand tu auras les papiers, tu iras chez notre ancien colonel ; mais il faut les papiers d'abord.

— Très-bien. Faut-il lui donner les papiers, au colonel ?

— Non, il faut tout simplement le prier de venir me voir. Tu lui diras : C'est le maréchal-des-logis Bernard Pelao qui vous a sauvé la vie à Tlemcen. Ça suffit. Tu as compris?

— Oui, mon brigadier.

— Eh bien, va-t'en, dit Bernard.

**FIN DU DEUXIÈME VOLUME.**

Coulommiers. — Imprimerie de A. Moussin.

A LA MÊME LIBRAIRIE, EN VENTE.

### NOUVEAUTÉS :

# LES AMOURS DE BUSSY-RABUTIN,

### Par Madame la Comtesse Dash,

Revue piquante de la première moitié du dix-septième siècle, élégant reflet des Conteurs de Cape et d'Épée de la place Royale ou de la Chambre bleue d'Arthénice (roman complet en 4 volumes in-8º). — PRIX NET : 15 fr.

# FRANCINE DE PLAINVILLE,

Est une de ces études de la vie intime et de bonne compagnie, comme Madame Camille BODIN seule a le secret de les tracer.

*Ouvrage complet, en 3 volumes in-8 ; — PRIX NET : 12 fr.*

# LA TULIPE NOIRE,

### D'Alexandre Dumas père,

Renferme un des récits les plus drôlatiques, les plus poétiques et les plus attendrissants à la fois qu'ait jamais commis la plume de notre grand romancier.

*Ouvrage complet, en 3 volumes in-8 ; — PRIX NET : 13 fr. 50 c.*

# JEAN ET JEANNETTE,

### De Théophile Gautier,

C'est-à-dire Watteau, Boucher et Crébillon fils ; les Bergères à chignons poudrés et les Bergers en chemises de batiste, les talons rouges, les camaïeux, les glaces dauphines : en un mot, le dix-huitième siècle dans sa plus coquette afféterie, dans sa toilette la plus mignonne, et par-dessus tout cela, ce tour naïf, ce style brillant, cette allure primesautière de l'esprit qui ont conquis à M. THÉOPHILE GAUTIER une place si élevée parmi les littérateurs contemporains.

*Ouvrage complet, en 2 volumes in-8 ; — PRIX : 9 fr.*

# LES DEUX FAVORITES,

### SUITE ET FIN

### D'ÉSAÜ LE LÉPREUX, par Emmanuel GONZALES,

Cet habile et dramatique Walter-Scott des Chroniques espagnoles.

*Ouvrage complet, en 3 volumes in-8 ; — PRIX : 13 fr. 50 c.*

www.ingramcontent.com/pod-product-compliance
Lightning Source LLC
Chambersburg PA
CBHW070446170426
43201CB00010B/1234